SOMMAIRE

SACHA GUITRY
L'HOMME-ORCHESTRE

Olivier Barrot et Raymond Chirat

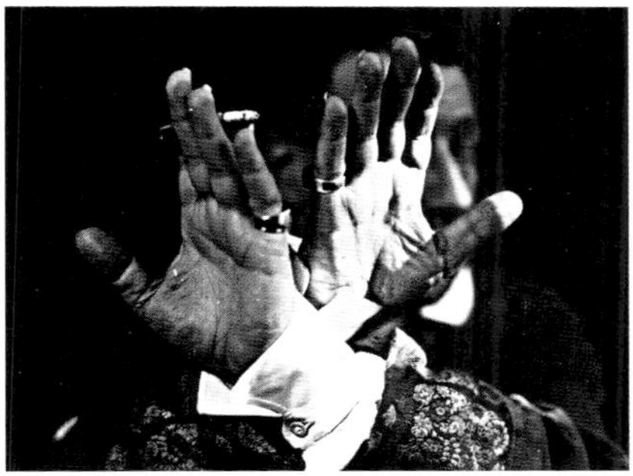

Pour Tom
ce portrait d'un
ami commun
de près, de cœur

21 x 07

DÉCOUVERTES GALLIMARD
LITTÉRATURES

Ils se sont tant aimés, ces deux-là. Lucien Guitry et son fils cadet, Sacha, se ressemblaient fort, ne plaçaient rien au-dessus du travail et du théâtre. Mimétisme, influence, identité même. Les deux sont de grands gaillards ; le père, plus sanguin, le fils, plus ironique. Des natures l'un et l'autre, cependant. Le premier interprète aussi bien le répertoire que les contemporains, l'autre ne jouera jamais que ses propres pièces. Entre eux, une admiration réciproque, un éclat héréditaire.

CHAPITRE 1

LE FILS

Sacha débute sur les planches à cinq ans, en Russie, sous le regard de son père (page de gauche, en 1890 dans la pantomime créée à la demande du tsar Alexandre III). Ci-contre, portrait de Lucien par Sacha, vers 1900. On retrouve, chez le père comme chez le fils, un nez et un menton forts, une impression de puissance et d'énergie, clés de la séduction.

Un père et ses deux fils (ci-dessus, Sacha à gauche et Jean à droite vers 1885-1886). Peut-on concevoir plus éloquente illustration de la jubilation paternelle ? Lucien éprouvait sans doute une préférence envers son cadet, que leurs carrières ultérieures ont renforcée. Mais jamais Lucien ne se désintéressera de Jean, moins affirmé, moins travailleur que Sacha. De sa mort accidentelle, en 1920, Lucien ne se remettra jamais.

Et s'il n'avait aspiré, avant tout, qu'à devenir le fils de son père ? Il n'est pas nécessaire d'invoquer l'explication psychanalytique pour constater l'évidence. Lucien Guitry, le plus célèbre acteur de son temps peut-être, l'un des plus accomplis sans doute, portait au tréfonds de lui-même la vocation paternelle. Sacha, l'un de ses deux fils, ne vivrait aussi intensément aucune autre passion que celle qui l'attacha à ce père. Une passion comme au théâtre, tragi-comique et excessive, démonstrative, secrète aussi, à leurs images à tous les deux. Rien de Sacha ne le dissocie de Lucien : « Si je parle de moi, c'est que je pense à lui », écrivit-il. Une pensée qui ne l'a pas quitté un seul jour, un seul moment, lui qui ajoutait en toute logique : « N'ayant pas eu d'enfant, je suis resté un fils ».

Lucien

Dernier enfant d'un prospère commerçant parisien passionné de théâtre, Lucien Guitry, né en 1860, entrevoit tôt sa vocation : à quinze ans il est reçu au Conservatoire. Fort caractère, puissante stature, le jeune Lucien, qui aspire aux grands premiers rôles, refuse de rejoindre la Comédie-Française et préfère le risque de reprendre au Théâtre du Gymnase le rôle d'Armand Duval dans *La Dame aux camélias*. La pièce se joue quatre-vingt-cinq fois, un beau succès : à dix-huit ans, Lucien Guitry est lancé. À vingt-deux ans, il est engagé pour jouer, aux côtés de la plus grande vedette du théâtre français qu'est alors Sarah Bernhardt, le rôle principal d'*Hernani* de Victor Hugo et d'*Adrienne Lecouvreur* de Scribe. En tournée à Londres, il est rejoint par Renée de Pont-Jest, fille d'un auteur de romans populaires, qui quitte le domicile paternel pour épouser son amoureux.

Du coffre, du verbe, de la présence, Lucien Guitry appartient à la même génération que ces futurs autres monstres sacrés que sont Réjane, Max Dearly, Charles Le Bargy, Marguerite Moreno ou Firmin Gémier. Et c'est à la grande Sarah qu'il doit l'offre irrésistible qui lui arrive de Saint-Pétersbourg, alors capitale de l'Empire russe : devenir pensionnaire du Théâtre Michel qui, de septembre à mars, donne des spectacles en français devant la cour des Romanov et l'élite de la ville, francophiles et francophones. Un cachet de 40 000 francs-or (100 000 euros actuels) qui ne se refuse pas, et le jeune couple embarque à bord du *Nord-Express*. Installation au numéro 12 de l'illustre perspective Nevski, où voient le jour leur premier fils Jean, en 1884, et son frère Alexandre Georges Pierre, le 21 février 1885, à qui sa nourrice confère le diminutif de Sacha.

Trois fois, le père de Renée de Pont-Jest refusa la main de sa fille à Lucien Guitry, comédien. Par l'entremise de Sarah Bernhardt, étoile tutélaire, les jeunes gens finissent par convoler à Londres en 1882. Union mal assortie, bientôt désastreuse. Renée, tuberculeuse, disparaît à quarante-quatre ans, en 1902.

Saint-Pétersbourg

Renée et Lucien se sont lassés l'un de l'autre, ils se séparent en 1889. Le père mesure combien lui manquent ses enfants, dont la garde a été confiée à leur mère, rentrée en France. Alors, un dimanche de septembre 1890, il commet un geste insensé, un acte d'amour gravement répréhensible aux yeux de la loi : il enlève son second fils, pour lequel il éprouve une affinité particulière. Un fiacre attend devant un immeuble proche du Palais-Royal. Lucien monte à l'appartement des grands-parents maternels chez qui se trouvent ses enfants et prétend emmener Sacha acheter des pâtisseries. Les voici à la gare du Nord, bientôt dans un wagon-lit. Un coup de sifflet, le convoi s'ébranle ; aux frontières, Lucien cache Sacha sous les couvertures. À cinq ans, le voici de retour dans sa ville natale, « Piter » comme disent les Russes.

Existe-t-il un esprit des lieux ? Au bord des eaux gelées de la Neva, Sacha a-t-il hérité les tourments passionnels des personnages de Tolstoï, plus que les inquiétudes farouches de ceux de Dostoïevski, la douce indolence des ombres tchékhoviennes, l'ironie corrosive de Gogol ? En tout cas, une vocation naît, la même que celle de Lucien, cet être de théâtre si affirmé qu'on l'avait surnommé « le massif central ». « Il me faisait faire tous ses costumes de théâtre, il commandait le mien en commandant les siens.

Lucien Guitry s'engage pour neuf saisons d'hiver (1882-1891) au Théâtre Michel de Saint-Pétersbourg. Il y interprète en français une pièce nouvelle par semaine, par exemple *Jack*, *Hamlet* et *L'Assommoir* (ci-dessus, de gauche à droite). Ci-dessous, vue de la perspective Nevski, où est né Sacha Guitry.

J'avais la robe de Louis XI, le pourpoint d'Hamlet, la veste de Tabarin, et, j'avais le costume de Pierrot avec lequel je fis mes débuts dans la pantomime, un soir de 1890, au palais de l'empereur Alexandre III. Oui, en collaboration avec un acteur russe qui se nommait Davidoff, mon père avait écrit une pantomime en un acte et j'étais de la distribution ! »

Comment pour Sacha ne pas vouloir être ce Lucien adulé de la noblesse russe, des princesses et des actrices ? Définitivement revenu à Paris en 1891, le père divorce, rend le fils à sa mère et triomphe à l'Odéon avec *Kean* de Dumas fils et *Amoureuse* de Porto-Riche. Les deux enfants réunis passent de collège en institution, chahutent et s'ennuient, tandis que leur mère à son tour s'essaie aux planches, sans convaincre.

L'acteur Davidoff (ci-dessus, jouant avec Lucien dans une pantomime) fut le meilleur ami russe du père de Sacha, qui appréciait peu la troupe française de Saint-Pétersbourg. Sacha, cinq ans, en costume de cosaque (ci-dessus), éprouva prématurément le frisson de la scène.

Un roi de Paris

Combien Jean et Sacha préfèrent le nouvel appartement paternel, place Vendôme, ou le « château » de Breuil, près de Honfleur, les déjeuners dominicaux en compagnie des « Mousquetaires », Guitry, Jules Renard, Alfred Capus, Tristan Bernard auxquels se joignent à l'occasion Georges Feydeau, Octave Mirbeau ou Alphonse Allais, sans oublier la guenon Lakmé, installée à table et avec laquelle, se souviendra Sacha, Lucien aimait s'entretenir et se promener la main dans la main.

Et comme il est patent que Sacha a subi l'influence définitive d'un père ami des dramaturges et des interprètes les plus encensés. Plumes et masques, guirlande de lumières, silence avant les trois coups, noir avant le lever de rideau : féerie ! Lucien qui magnifie ses contemporains et ses partenaires dans *Amants* de Maurice Donnay avec Jeanne Granier, *Samson* d'Henry Bernstein avec Mme Simone, *Le Pain de ménage* de Jules Renard avec Marthe Brandès. Anatole France, Paul Bourget, Octave Mirbeau, Henri Bataille l'espèrent dans leurs pièces. Un jour, même, Sacha assiste à l'insu de son père à l'entretien de ce dernier avec Edmond Rostand, tout auréolé du triomphe de *Cyrano de Bergerac* et venu proposer à Lucien sa dernière œuvre, *L'Aiglon*. Heureuse époque, où l'on voit la grande Sarah, à cinquante-six ans, jouer le fils de l'empereur qui en avait vingt au moment où se déroule la pièce, tandis que Lucien, quarante ans à la ville, interprète le grenadier vétéran Flambeau !

Inoubliable : c'est ce que l'on disait de Lucien Guitry interprétant en 1900 le rôle de Flambeau dans *L'Aiglon* (ci-contre).

C'est l'été à Breuil, où Lucien reçoit ses enfants et ses amis dans une atmosphère détendue et spirituelle (ci-contre, Jules Renard au volant et Tristan Bernard à ses côtés, Sacha et Jean à l'arrière). Les champs et les bois, les bêtes aussi, des moutons, un aigle et Lakmé, le fameux chimpanzé femelle, que Sacha prend ici dans ses bras.

Alors, à quinze ans, Sacha ose adresser une missive à son père pour lui faire part de son désir d'être lui aussi comédien. Et Lucien a l'intelligence de ne pas le décourager.

« Mon cher petit,

J'ai beaucoup pensé à ce que tu m'as écrit. Il faudra en reparler et nous en reparlerons.

Pour l'instant tu me demandes de t'indiquer cinq ou six pièces. Apprends tout ce qui te semble amusant à apprendre. Hommes, femmes, princes, princesses, servantes, maîtresses, maîtres, valets. Tout en un mot. L'important, ce n'est pas de savoir son rôle. On le sait toujours. L'important est de posséder toutes les expressions. Tu vois comme c'est simple !

Je t'embrasse tendrement, mon cher petit. »

« Tu vois comme c'est simple » est évidemment la phrase la plus significative de cette réponse exemplaire, et Sacha saura en tirer profit, lui le boulimique qui dessine un peu et se voit aussi écrire.

❝Le Breuil, [...] c'était surtout la grande pièce du bas qui s'ouvrait sur le parc, avec, au fond, la mer. Dans cette pièce [...] Capus lisait un acte, Tristan faisait des mots, Renard en préparait. Allais disait n'importe quoi – n'importe quoi d'Allais, c'était toujours très bien !❞

Sacha Guitry, *Si j'ai bonne mémoire*, 1934

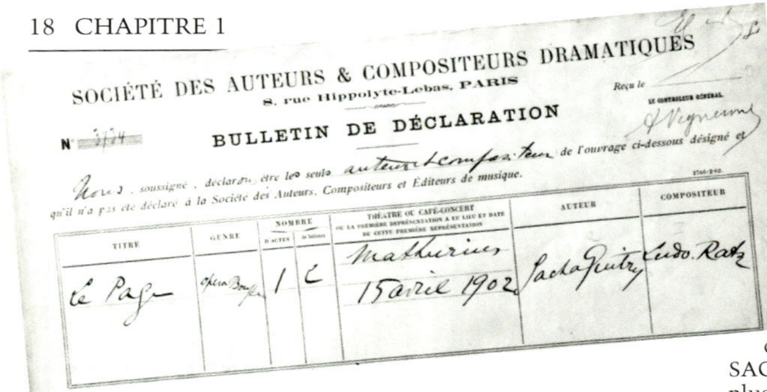

SOCIÉTÉ DES AUTEURS & COMPOSITEURS DRAMATIQUES
8, rue Hippolyte-Lebas, PARIS

BULLETIN DE DÉCLARATION

N° 3714

Nous, soussignés, déclarons être les seuls auteur et compositeur de l'ouvrage ci-dessous désigné et qu'il n'a pas été déclaré à la Société des Auteurs, Compositeurs et Éditeurs de musique.

TITRE	GENRE	NOMBRE d'actes	NOMBRE de tableaux	THÉÂTRE OU CAFÉ-CONCERT où la première représentation a eu lieu et date de cette première représentation	AUTEUR	COMPOSITEUR
Le Page	Opéra Bouffe	1	1	Mathurins 15 avril 1902	Sacha Guitry	Ludo Ratz

Dramaturge patenté à dix-sept ans ! La première pièce de Sacha Guitry, *Le Page*, est représentée au Théâtre des Mathurins en avril 1902 (ci-contre, bulletin de déclaration à la SACD). Quelques mois plus tard, il débute sur les planches dans *La Bonne Hélène* de Jules Lemaitre (ci-dessous et à droite).

Le rideau se lève

Au Théâtre des Mathurins, que dirige alors Marguerite Deval, le rideau se lève, le 15 avril 1902, sur la toute première œuvre d'un auteur de dix-sept ans, un petit opéra-bouffe écrit par le jeune Sacha Guitry et dont la musique est elle due à un compositeur sexagénaire demeuré obscur, un certain Ludo Ratz. *Le Page*, première des 124 compositions que l'auteur va faire représenter en un demi-siècle. À sa façon, ce libertinage qui se déroule au Moyen Âge va connaître le succès – 34 représentations –, ce qui n'est pas négligeable en une époque où les théâtres abondent à Paris, où auteurs et acteurs travaillent vite, où un spectacle doit trouver d'emblée son public sous peine d'être très rapidement remplacé. Premier essai, première rencontre heureuse avec les spectateurs. Sur scène dans le rôle principal, Simon-Max, le créateur de celui de Grenicheux des *Cloches de Corneville* de Robert Planquette en 1877. Celui-là même qui demandait pour son emploi « un costume de Tapinois » puisque le livret de l'opérette précisait qu'il « entrait en tapinois ».

La vraie vie est là. Sacha rassemble ses portraits de contemporains en un recueil,

Des connus et des inconnus, il croise son père rue Chabanais dans la plus fameuse maison de passe du moment. Il donne contes et dessins au périodique *Gil Blas*, fréquente les cabarets sans cesser de consigner ses impressions par écrit, et comme Lucien, s'enchante de la compagnie des femmes, Jane Avril, l'ancien modèle de Toulouse-Lautrec parmi bien d'autres. Devenu directeur du Théâtre de la Renaissance, le père y engage et séduit la toute jeune Charlotte Lysès, qu'il ne distribue guère et que Sacha saura consoler. Figure classique du vaudeville – ou de la tragédie : est-on dans *Phèdre* ou dans la vie de Molière, partagé entre Madeleine et Armande Béjart ? Voici le père et le fils épris de la même femme. Est-ce pour séparer les jeunes gens que Lucien décide de couronner les espoirs de son fils en lui permettant d'entrer en scène, à la condition ô combien symbolique qu'il accepte de changer de patronyme ? Le 5 novembre 1904, Sacha Guitry débute sous le nom de Lorcey dans un petit rôle de *L'Escalade*, dernière pièce de Maurice Donnay.

« Le geste que Guitry a hérité de son père : la main en l'air, protestation de la plus absolue indifférence », note Jules Renard dans son *Journal*. Nul ne le remarque. Alors pour faire bon poids, Lucien magnanime ajoute au spectacle un acte de Jules Lemaitre *La Bonne Hélène*, où Sacha tient le rôle plus en vue de Pâris, le beau berger. Une (future) étoile est née.

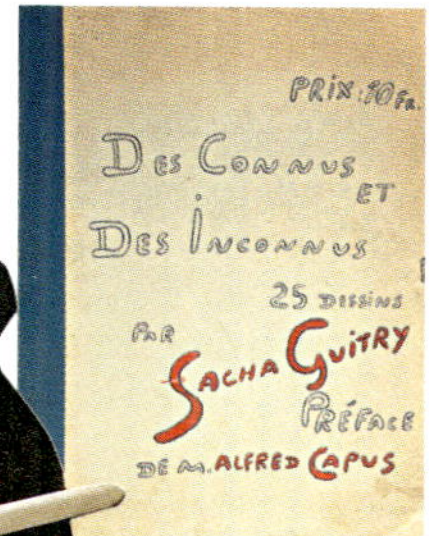

Préfacé par Alfred Capus, *Des connus et des inconnus* (1903, ci-dessus) croque les amis de Lucien : Réjane, Porto-Riche, Willy, Mounet-Sully...

La brouille

Un dimanche de janvier 1905, on joue deux fois, en matinée et en soirée. Entre les représentations, Sacha rend visite à son ami Paul Nadar, un autre fils de son père, le photographe Félix Nadar, dont il pratique lui aussi le métier. Du coup il revient en retard au théâtre, on a dû repousser le lever de rideau, le public s'impatiente, et Sacha entre en scène sans la perruque de son costume. Blême, Lucien met son fils à l'amende. Au tableau de service, tableau d'infamie, il annonce qu'il lui retient cent francs,

Sacha est l'heureux auteur du *KWTZ*, une « loufoquerie » jouée au Théâtre des Capucines en 1905. Ce cliché (Guitry assis devant ses interprètes Paul Dary, Félix Galipaux, Charlotte Lysès et Marcelle Péri) est de Paul Nadar, qui causa indirectement la séparation durable entre Lucien et Sacha. Les années suivantes, succès – dont *Chez les Zoaques*; article de presse ci-dessous – et échecs se succèdent. Guitry commente : « J'ai été applaudi – j'ai été sifflé : je me considère désormais comme un véritable auteur dramatique. »

Vous connaissez Sacha Guitry ? Dans la vie parisienne tout le monde connaît Sacha Guitry. Il est un des jeunes hommes les plus en vue de ce moment. On ne parle que de lui, et l'on a raison d'en parler, car tout ce qu'il a produit mérite d'attirer et de retenir l'attention. Chroniqueur joyeux

le tiers de son cachet mensuel. Sacha va s'excuser, demande une atténuation de la peine. Lucien refuse. « C'est à prendre ou à laisser. » Alors en une réplique qui semble avoir été écrite pour la scène, Sacha va lancer : « Eh bien, je laisse, adieu ! » Il sort, la fâcherie entre les deux Guitry durera treize années.

Premier choc véritable dans l'existence de Sacha qui ne se doute évidemment pas que cette séparation va se prolonger aussi longtemps. Il a commis pire qu'un crime : une faute de lèse-majesté. En matière de travail, Lucien ne tolère aucun écart, surtout de la part d'un fils qu'il aime autant que l'aime ce fils. Une fracture ouverte, douloureuse à l'extrême, une affaire d'orgueil aussi. Cette nuit de janvier révèle Sacha Guitry à lui-même, Sacha le fils suit désormais sa propre route.

Elle ne manquait pas de piquant, la mutine Charlotte Lysès (1877-1956), maîtresse du père, épouse du fils (ci-dessus, vers 1900). Après la brouille entre eux, elle se dévoue à Sacha. C'est à elle qu'il doit sa reconnaissance comme acteur, elle qui lui confère confiance en lui avec tact et, tout simplement, amour. Après leur séparation en 1918, la carrière de Charlotte Lysès se poursuivra, avec des fortunes diverses, jusqu'à la Seconde Guerre mondiale. Si elle garda toujours une amertume envers le compagnon de ses plus belles années, Sacha aura été sans nul doute l'homme de sa vie.

Charlotte Lysès

On néglige trop le rôle de la première des cinq épouses de Sacha. Charlotte Lysès, très liée aux animateurs de *La Revue blanche* – les frères Natanson, Léon Blum, Tristan Bernard, les peintres Bonnard et Vuillard – fréquente aussi avec son Sacha le metteur en scène André Antoine, Marguerite Moreno et son mari, Marcel Schwob, Jean Cocteau, les dramaturges René Fauchois et Francis de Croisset ; elle lui donne confiance en lui faisant jouer la comédie et persévérer dans l'écriture.

Nono (1905) joué aux Mathurins, avec le jeune Victor Boucher, contient cette réplique déjà très Guitry : « Comme elle est embêtante. J'aurais dû l'épouser, nous serions séparés depuis longtemps ». *Chez les Zoaques* (1906) vaut à Sacha son premier succès comme acteur, mais *La Clef* (1907) lui fournit son premier four.

Triompher au théâtre n'empêche nullement Guitry d'exceller dans le slogan publicitaire (ci-dessous, pour la marque Elesca).

Fauché, le couple marié depuis l'été 1907 mène cependant grand train. Sacha s'essaie aux conférences et à la publicité – le fameux slogan LSKCSKi pour le chocolat Elesca –, accepte en 1910 une tournée minable qui le ramène à Saint-Pétersbourg. Et malgré les interventions des amis communs, la brouille Lucien-Sacha perdure, même si parfois le fils se rend en cachette au théâtre pour assister au triomphe du père dans *La Griffe* ou *Le Voleur* de Bernstein...

Premiers succès

Exister pour soi-même aux yeux de l'absent. Se faire reconnaître comme interprète, à son égal. Mieux encore : s'imposer comme dramaturge. En trois coups, l'objectif est atteint. *Le Veilleur de nuit* (Michel, 1911), *La Prise de Berg-op-Zoom* (Vaudeville, 1912), *La Pèlerine écossaise* (Bouffes-Parisiens, 1914) couronnent le nouveau Molière, acteur-auteur-metteur en scène. Guitry transcende la désinvolture du boulevard, qu'il pimente d'émotion, de confessions même, il cultive la réplique et le mot, les distille d'une voix, d'un ton qu'on imitera pendant un demi-siècle ! On loue sa présence, son esprit, son œil. Quand *Deux Couverts*, un acte tout entier porté par l'amour filial, est reçu à la Comédie-Française au printemps de 1914, Sacha n'est plus seulement le fils de Lucien.

1915 : cette année-là Guitry devient cinéaste. La guerre électrise son nationalisme, et il a l'excellente idée toute simple de filmer quelques compatriotes illustres, tous intimes de Lucien. Grâce à quoi *Ceux de chez nous* nous donne à voir des artistes – Degas, Renoir, Monet, Rodin –, des écrivains – Anatole France, Rostand, Mirbeau –, le compositeur Camille Saint-Saëns ou la grande Sarah. Commentaire dit sur scène par Charlotte lors d'une présentation au Théâtre des Variétés en novembre. Mais Sacha déjà ne pense plus qu'à la jeune interprète de la revue – *Il faut l'avoir* – qu'il vient d'écrire avec Albert Willemetz, une certaine Yvonne Printemps.

Les années 1910 sont pour Sacha celles de la reconnaissance, en tant qu'auteur et acteur. À ses côtés, Charlotte interprète les grands succès de cette période (à gauche, affiche de *La Prise de Berg-op-Zoom*). Touche-à-tout suractif, Guitry (page de gauche, portrait vers 1911) écrit et dessine pour la presse (ci-dessous, couverture et extrait d'un article paru dans *Je sais tout* en 1914), réalise des slogans publicitaires, expose chez Bernheim-Jeune… En 1915, il crée une revue, spectacle mêlant saynètes et chansons, dans laquelle Charlotte Lysès partage l'affiche avec la jeune et belle Yvonne Printemps…

HORAIRE DE MA VIE

du 1er Septembre 1911 au 28 Février 1914

Le 1er Septembre 1911	Reprise du *Veilleur de Nuit*.
3 Octobre	Dernière du *Veilleur*.
5 Octobre	Première représentation d'*Un beau Mariage* à la Renaissance.
7 Octobre	J'expose chez MM. Bernheim jeune, des tableaux et caricatures. (1)
31 Décembre	104e et dernière d'*Un beau Mariage*.
Janvier 1912	Un peu de repos et quelques soirées à Monte-Carlo, Nice, Lyon, Nîmes, etc.
Février	Bruxelles. On joue pendant un mois *Le Veilleur*.
Mars	Première à Paris de *Jean III ou l'irrésistible vocation du Fils Mondoucet*. J'ai, en montant cette comédie, la plus grande joie que j'ai eue jusqu'ici : Baron, le père, le grand Baron joue dans ma pièce. C'est incontestablement l'acteur le plus *naturel*, le plus sincère, le plus spontané que nous ayons. (2)
	Jean III continue.
Avril	Centième de *Jean III*.
Mai	Campagne. Je fais la *Prise de Berg-op-Zoom*. [illegible] chaque soir à Marigny une folie en deux actes

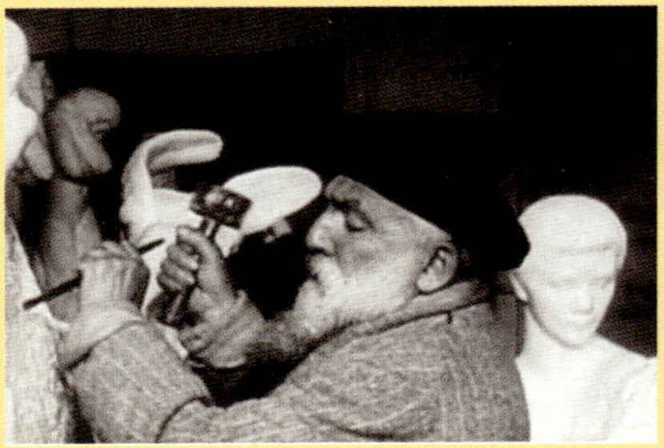

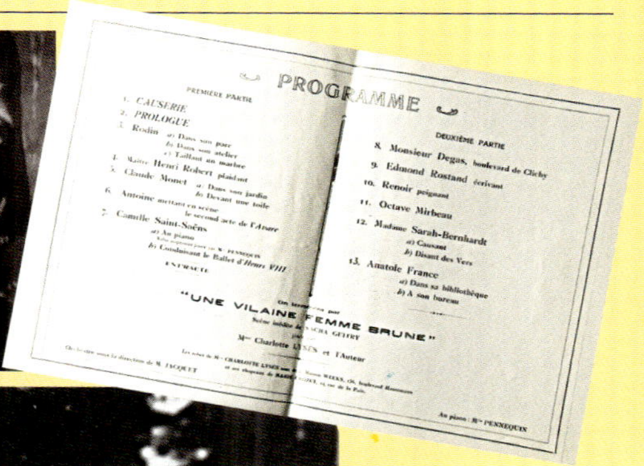

PROGRAMME

PREMIÈRE PARTIE

1. *CAUSERIE*
2. *PROLOGUE*
3. Rodin
   a) Dans son parc
   b) Dans son atelier
   c) Taillant un marbre
4. Maître Henri Robert plaidant
5. Claude Monet
   a) Dans son jardin
   b) Devant une toile
6. Antoine mettant en scène le second acte de l'*Avare*
7. Camille Saint-Saëns
   a) Au piano
   b) Conduisant le Ballet d'*Henri VIII*

ENTRACTE

DEUXIÈME PARTIE

8. Monsieur Degas, boulevard de Clichy
9. Edmond Rostand écrivant
10. Renoir peignant
11. Octave Mirbeau
12. Madame Sarah-Bernhardt
    a) Causant
    b) Disant des Vers
13. Anatole France
    a) Dans sa bibliothèque
    b) A son bureau

"UNE VILAINE FEMME BRUNE"

Mme Charlotte LYSÈS et l'Auteur

Au piano : Mme PENNEQUIN

Ceux de chez nous (1915) constitue à proprement parler une œuvre pionnière. Sacha Guitry, trente ans, invente au cinéma l'exercice d'admiration. Ce film est présenté pour la première fois en pleine guerre, le 22 novembre 1915, au Théâtre des Variétés (ci-dessus, programme de la projection). Un commentaire oral accompagnait les images du cinéaste débutant qui a cueilli chez eux, entre autres, Auguste Rodin et Edmond Rostand (page de gauche, respectivement à gauche et à droite), Pierre Auguste Renoir (en haut) et Sarah Bernhardt (ci-contre).

Yvonne Printemps, deuxième épouse de Guitry, fut de ces femmes synonymes de leur époque, qu'elle soumit à sa voix, à sa gestuelle, à son sex-appeal. Excellente interprète, elle contribue dans les années 1920 à asseoir définitivement la renommée d'auteur-acteur de Guitry ; elle lui fit un bien fou et beaucoup de mal. Avec son glamour, son luxe et ses frasques, le couple le plus en vue du théâtre français durant les Années folles entre dans la légende fabuleuse des amants terribles.

CHAPITRE 2

YVONNE OU LA GRANDE GUERRE

Yvonne Printemps et Sacha Guitry (page de gauche) forment, de 1918 à 1932, le couple le plus célèbre du théâtre français. Sacha offre le rôle-titre de ses créations à sa pétillante épouse (ci-contre affiche de *Je t'aime*, 1920) et à son père, avec lequel il s'est enfin réconcilié. Fêté par le public, le trio prend fin avec la mort de Lucien, suivie quelques années plus tard de la séparation du couple.

Yvonne Printemps – sa voix, sa ligne, son air – fut une muse à qui on ne résistait pas. Colette, Paul Léautaud, Marcel Achard, Robert de Flers, André Messager, Édouard Bourdet, Maurice Sachs, Noël Coward, Reynaldo Hahn ont vanté ses mérites, tous éblouis. Maîtresse de l'aviateur Georges Guynemer, elle cède à Sacha, qui divorce de Charlotte en 1918. Séparation houleuse, moins cependant que l'union qui s'esquisse : « Von », le surnom d'Yvonne, n'est certes pas une personne commode, mais à l'évidence une inspiratrice, contemporaine de la plus féconde période de création dramatique de Sacha. Elle affichera tous ses défauts – la fatuité, l'intempérance, la rosserie –, tous ses atouts – la gaieté, l'allure, la séduction. Au point d'incarner comme une légende de Paris, à qui les plus austères comme les plus lancés se plurent à rendre hommage. Mlle Printemps exigeait, capricieuse ; le Tout-Paris fondait, subjugué.

Réconciliés !

Celle qui n'est encore qu'une théâtreuse débutante n'est pour rien dans ce premier chef-d'œuvre qu'est *Faisons un rêve* (Bouffes-Parisiens, 1916), escarmouche à trois personnages (Sacha, Charlotte et Raimu qui débute en vedette) semée de monologues délectables, dont celui, fameux, où l'amant imagine sa maîtresse en route pour le rejoindre en taxi.

Mais Yvonne participe bel et bien à la première des nombreuses pièces biographiques de son futur époux, *Jean de La Fontaine* (Bouffes-Parisiens, 1916). Elle joue la maîtresse du grand homme, Charlotte sa femme et Sacha, La Fontaine soi-même dans ces aimables variations à succès autour de l'infidélité. Autre versant du renouvellement de son style,

Deburau (1918), pièce inspirée de la vie de Jean-Gaspard et Charles Deburau, célèbres mimes du XIXe siècle, relate l'histoire d'un père et d'un fils, d'une vocation partagée et contrariée, d'une réconciliation. Guitry offre à Yvonne le rôle de Marie Duplessis, que le père et le fils se disputent (photographie ci-dessous) – écho à la rivalité passée au sujet de Charlotte Lysès. La pièce, qui connaît un succès triomphal, gagne même jusqu'au père rétif. Enfin, Sacha retrouve Lucien : « Nous ne devions plus nous quitter [...] ; sept années de bonheur, pendant lesquelles nous avons rattrapé le temps perdu. »

Née en 1894, Yvonne Printemps débute très jeune au music-hall dans des rôles d'enfants, puis dans des revues légères… voire un peu déshabillées. En 1912, elle danse dans *Si j'étais roi* aux côtés de Mistinguett et accompagne Maurice Chevalier à l'Alcazar dans une revue intitulée *Ah! les beaux nichons!* Quand Sacha la voit pour la première fois sur scène, en 1913, il est immédiatement subjugué. Yvonne a alors 19 ans et fait déjà parler la critique ravie : « Cette artiste [...] a, pour réussir, bien des atouts dans son jeu. Elle est d'abord fort jolie [...] De plus, elle silhouette son personnage avec intelligence, le joue avec une délicieuse sincérité et une conviction charmante; elle le chante enfin avec infiniment de goût » (*Comœdia*, le 27 décembre 1912). Guitry tombe sous le charme d'Yvonne, prêtresse de l'amour, experte en sortilèges. À y regarder de près, son physique ne présentait pourtant rien de particulièrement exceptionnel. Mais allez savoir! De cette bouche petite, de ce regard en biais, de cette gorge habitée par une voix digne de Mozart s'exhalaient des procédés de séduction, que Sacha… et d'autres ont unanimement su apprécier.

ce *Deburau* (Vaudeville, 1918) que Sacha compose en songeant évidemment à son père : Jean-Gaspard Deburau et son fils Charles, mimes illustres, sont rivaux dans le cœur de Marie Duplessis. Et l'aîné défend au cadet de porter son nom sur la scène!

Un soir de mars 1918, Lucien se rend au théâtre. Pour la première fois depuis tant d'années, il va voir son fils sur scène, et lui fait porter ce mot : « Ta pièce est un chef-d'œuvre et tu es admirable. Je t'attends à déjeuner demain. » Ils s'étreignent longuement. Et le père à son fils : « Pendant que tu jouais hier, sais-tu comment je te voyais ? À cinq ans, en Russie, dans mes bras. »

« Depuis le 8 mars 1918, jusqu'à la mort de mon père, écrira Sacha, nous ne restions pas six heures sans nous téléphoner, douze heures sans nous voir, vingt-quatre heures sans nous écrire. » Et à l'issue de la générale de *Pasteur,* le 22 janvier 1919, Lucien déclare au public, presque aussi bouleversé que lui : « Mesdames, messieurs, au moment de vous dire le nom de l'auteur de la pièce que nous avons eu l'honneur de jouer devant vous, je me sens pris par une émotion que je vous supplie de comprendre et d'excuser. Il me serait impossible de placer devant ce nom le mot « Monsieur ». Je ne vous dirai donc pas qui est l'auteur de cette pièce. Mais je vous devrai la plus grande joie de ma vie, si vous me permettez de vous le montrer. »

Entre Sacha, les deux hommes s'embrassent, le public exulte.

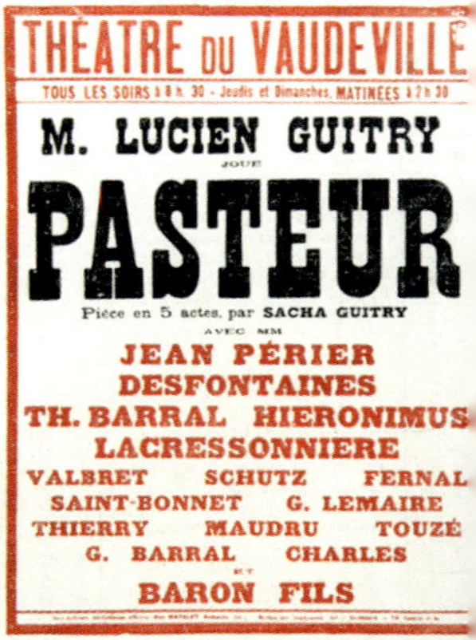
THÉATRE DU VAUDEVILLE
TOUS LES SOIRS à 8 h. 30 - Jeudis et Dimanches, MATINÉES à 2 h 30
M. LUCIEN GUITRY
joue
PASTEUR
Pièce en 5 actes, par SACHA GUITRY
AVEC MM
JEAN PÉRIER
DESFONTAINES
TH. BARRAL HIERONIMUS
LACRESSONNIERE
VALBRET SCHUTZ FERNAL
SAINT-BONNET G. LEMAIRE
THIERRY MAUDRU TOUZÉ
G. BARRAL CHARLES
ET
BARON FILS

Sitôt réconciliés, Sacha écrit pour Lucien sa nouvelle pièce, *Pasteur* (affiche ci-dessus).

Un trio fusionnel

Bonheurs. Sacha épouse Yvonne en avril 1919. Témoins : Lucien, et Sarah Bernhardt, Georges Feydeau, Tristan Bernard. La plus profonde émotion de Sacha ? Sans doute *Mon père avait raison* (Porte-Saint-Martin, 1919), singulière réflexion tendre sur l'hérédité et les sentiments, portée en triomphe sur la scène par le père, le fils et l'épouse. Glorieux à Paris, le trio conquiert Londres, participe à la première émission radiodiffusée de la tour Eiffel. Mais la mort de Jean en 1920, qui se tue en voiture près de Deauville, plonge Lucien dans la prostration : il ne s'en remettra pas et ne se vêtira plus que de noir. Sacha expose ses toiles, lance une revue littéraire, *Le Courrier de monsieur Pic*, en dirige une autre, *Les Œuvres libres*.

Chants d'amour. À Yvonne, *Je t'aime* (Édouard-VII, 1920). À Lucien *Le Comédien* (Édouard-VII, 1921). L'auteur dramatique accède à la maturité classique par cette subjectivité souriante qui n'exclut pas la gravité. Qu'il s'agisse de la biographie recomposée (*Béranger*, *Frans Hals*), de la revue, mélange de fantaisies et d'actualités (toujours écrite avec Willemetz), de la tentation tragique (*Jacqueline*, *Un sujet de roman*, magnifique pièce sur la création littéraire et dernier grand rôle de Lucien), de la comédie de mœurs (*Le Blanc et le Noir*, *L'Accroche-Cœur*, *Désiré*). Pygmalion, Sacha « fait » Yvonne, il la vêt, la couve, la surveille, la comble de cadeaux. Elle se laisse adorer sans négliger les œillades passagères à Jacques-Henri Lartigue, à Henri Garat, à Roger Gaillard, à Pierre de Guingand… L'époux fait comme s'il n'avait rien vu… Une vraie comédie à la Guitry. Et aussi, autres offrandes à l'aimée, des œuvres chantées qu'Yvonne Printemps enlève à la perfection.

Deux images du bonheur : un mariage d'amour et d'amitié (page de gauche, en bas) qui réunit Yvonne (deuxième en partant de la gauche), Georges Feydeau (à sa gauche) et Sarah Bernhardt (assise) – les témoins –, Lucien assis à l'arrière et, à ses côtés, Sacha ; Yvonne et les deux Guitry lors d'une tournée à Londres en 1920 (en haut). Une évidente complicité unit par le regard le père et le fils, tandis qu'Yvonne prend la pose. Trio inséparable, comme l'atteste ce mot manuscrit des cadets à l'« aîné » (ci-dessus).

MON PÈRE AVAIT RAISON
LUCIEN GUITRY
SACHA GUITRY
YVONNE PRINTEMPS

Mon père avait raison (Porte-Saint-Martin, 1919, en page de gauche) est la première pièce de Guitry réunissant sur scène le trio formé par Sacha, Yvonne et Lucien. Cette « pièce d'éducation » – comme il existe des romans d'éducation – s'articule autour des personnages de Charles Bellanger et de son fils Maurice, de leurs fréquentations féminines, de leur affection définitive. Jusqu'à la mort de Lucien en 1925, le trio partage l'affiche des nouvelles créations de Sacha. *On ne joue pas pour s'amuser* (Édouard-VII, 1925, ci-contre en haut) brode une nouvelle fois autour de la vie des acteurs, les vrais passionnés souvent fauchés et les courtisanes entretenues que leurs protecteurs lancent sur les planches. Sombre comme l'univers d'Ibsen, *Un sujet de roman* (Édouard-VII, 1923, ci-contre, au centre) sonne comme une chronique de la haine conjugale au quotidien. *Le Grand-Duc* (Édouard-VII, 1921, ci-contre, en bas), est agrémenté de la présence de Jeanne Granier (à droite), créatrice de nombreux succès du boulevard et de l'opérette. Du théâtre de chambre, du théâtre de boulevard ? À coup sûr, et du meilleur.

Musique !

Né en 1853, André Messager a dirigé l'Opéra-Comique, Covent Garden et l'Opéra de Paris. Chef d'orchestre, il crée *Pelléas et Mélisande,* que lui dédie Debussy. Admiré par Fauré et Saint-Saëns, il grise dans l'opérette, *Véronique, Fortunio, Monsieur Beaucaire,* en maître de l'harmonie et de l'orchestration. *L'Amour masqué* – musique de Messager, livret de Sacha – composé en commun au cours de l'été de 1923, se joue à Édouard-VII. Yvonne triomphe d'autant plus que son mari, qui ne sait pas chanter, s'est concocté un rôle seulement parlé. Et l'on se prend à comparer Yvonne à l'Hortense Schneider d'Offenbach.

La générale de *L'Amour masqué* a donné lieu à un incident curieux. Lucien, dissimulé au fond de la salle, fait porter à chaque fin d'acte un mot d'encouragement à son fils et à sa belle-fille. Mais il ne les rejoint pas après le spectacle. On apprendra plus tard, grâce au témoignage du plus fidèle mémorialiste de Sacha, Henri Jadoux, que Lucien pris d'un malaise n'avait pu se rendre au théâtre,

Yvonne et Sacha à Royan pendant l'été de 1924 (ci-dessus et ci-contre). C'est elle seule qui se met à l'eau : Sacha ne prisant guère les bains de mer, qui lui causaient des crises de rhumatismes. Il préférait Luxeuil et Vichy. C'est l'époque heureuse où les Guitry partagent leur été avec les Willemetz. Entre Sacha et Albert, une amitié, une confiance, une admiration de toujours.

mais dûment organisé le stratagème. Il disparaît le 1er juin 1925, non sans avoir soufflé à Sacha venu lui exposer ses projets : « Fais *Mozart.* » Tout de suite Yvonne et Sacha s'installent dans l'hôtel particulier de Lucien au Champ-de-Mars, et cinq ans plus tard l'héritier publie le très beau *Lucien Guitry raconté par son fils,* dédié « aux comédiens, ses camarades ».

« Comment se fait-il, demandait-on à Lucien Guitry, que vos silences soient plus éloquents que le texte ? – Parce que les silences sont de moi. »

« Il n'y a pas de rôle pour moi dans ta prochaine pièce, écrit-il à son fils, et tout à l'heure, tu m'as demandé si cela n'allait pas m'ennuyer, me priver de ne pas jouer. Mais mon cher petit, je ne cesse jamais de jouer. J'ai toujours joué – toujours et partout, en tous lieux, à toute minute – toujours, toujours ! et je n'imagine pas qu'il ait jamais pu en être autrement tout le long de ma vie. Mon double, c'est moi-même. »

On rendra forcément justice un jour à venir au brillant André Messager, dont Sacha sut se faire l'inspiré complice pour *L'Amour masqué* (1923), comédie musicale (affiche ci-dessous) digne de comparaison avec les *musicals* de Broadway. Voici, masqués comme il se doit, tous les créateurs d'une œuvre dans laquelle un Sacha clairvoyant (en bas, au centre de la photo) se réserve le rôle d'un homme mûr prenant l'apparence de son propre fils pour séduire sa belle… Le fils avait raison, cette fois, d'autant qu'à Yvonne le démiurge avisé offre la jubilation d'un air qui assure à lui seul le succès de l'entreprise : « J'ai deux amants, c'est beaucoup mieux ! / Car je fais croire à chacun d'eux / Que l'autre est le monsieur sérieux. »

Le bureau de Sacha dans l'appartement de la rue Alphonse-de-Neuville, à côté du parc Monceau. La plupart des éléments qui le décorent se retrouveront dans l'hôtel particulier de l'avenue Élisée-Reclus, au Champ-de-Mars. Tableaux, livres, objets, en tout genre : Sacha collectionnait tout. Page de gauche, Yvonne et Sacha, cueillis par l'objectif de Jacques-Henri Lartigue, grand ami du couple. Ne sont-ils pas touchants, tous les deux, en haut à gauche, contemplant de la mezzanine ce capharnaüm inspiré ? En bas, Bibi, la femme de Lartigue, regarde l'objectif de son mari. Plus posés, les deux clichés de droite, dus à Waléry, paraissent un tant soit peu théâtraux. Sa muse inspire le maître à sa machine, et tous deux déjeunent sans témoin. Le sol à damier et les hautes fenêtres confèrent une majesté imprévue à cette séquence d'intimité organisée.

Mozart

« Voulez-vous faire un four avec moi ? » télégraphie Sacha à Reynaldo Hahn, l'ami de Marcel Proust, dont l'opérette *Ciboulette* vient d'enchanter aux Variétés. Leur *Mozart* (Édouard-VII, 1925), dédié à Lucien, figure le compositeur à vingt ans, de passage à Paris chez Mme d'Épinay, et qu'affolent toutes les femmes. Nouveau Chérubin, Yvonne sera Wolfgang et l'on est en droit d'évoquer un triomphe. « La voix d'Yvonne Printemps atteint parfois un éclat et une puissance extraordinaires », souligne André Messager dans *Le Figaro*.

S'ensuit une tournée à Londres, une autre aux États-Unis. Beaucoup d'argent, de plus en plus de scènes de ménage, la rencontre précieuse à New York de Charlie Chaplin : on parle de cinéma, Sacha se montre encore réservé, Yvonne beaucoup moins. C'est elle qui le convainc de céder aux producteurs Pierre Braunberger et Roger Richebé désireux d'adapter *Le Blanc et le Noir* à l'écran (1931). Moyennant quoi Guitry choisit sa distribution (Raimu, Alerme, Pauley et le tout jeune Fernandel) et assiste au tournage, mené par Robert Florey et Marc Allégret. Au même moment, à Londres, Seymour Hicks tire un film de *Faisons un rêve*, sous le titre *Sleeping Partners*.

Mais l'opérette continue de solliciter Sacha. Avec le Viennois Oscar Straus, le voici qui compose, toujours pour sa muse et pour lui-même, *Mariette ou Comment on écrit l'histoire* (Édouard-VII, 1928). Cette évocation de Napoléon III et d'une maîtresse réputée influente au point de l'inciter au coup d'État n'éveille que l'indifférence. Vexé, il abandonne Édouard-VII et signe un contrat d'exclusivité avec le Théâtre de la Madeleine.

En décembre 1925, et tandis que la mésentente s'installe dans le couple vedette de Paris, Sacha donne une nouvelle comédie musicale à Édouard-VII, *Mozart* (ci-dessous). Il s'est cette fois associé à Reynaldo Hahn qui ne révèle pas les mêmes vertus mélodiques que Messager. Nouvelle offrande à Yvonne : le rôle-titre, tout simplement. Au reste, Sacha ne cesse de la

couvrir de cadeaux, d'attentions, de l'exaspérer, donc. Et si la divine recueille l'assentiment général, lui-même s'en sort sensiblement moins bien.

L'automne d'une passion

C'est sur cette scène que, une fois encore, Yvonne va chanter Sacha. *La S.A.D.M.P.* – Société anonyme des messieurs prudents ou Société des admirateurs de madame Printemps –, charmant opéra-bouffe en un acte, bénéficie de la musique du jeune Louis Beydts, qu'Arthur Honegger plaçait au plus haut. En complément, deux pièces en un acte, dont *Villa à vendre*. L'interprète principale a tôt fait de captiver l'auteur : Jacqueline Delubac a vingt-quatre ans, treize de moins qu'Yvonne, dont la nouvelle liaison avec un ancien sociétaire de la Comédie-Française, Pierre Fresnay, doit beaucoup à... Sacha Guitry.

C'est ce dernier qui lui avait confié le premier rôle d'*Un miracle* aux côtés d'Yvonne (Variétés, 1929), et qui le réengage pour *Frans Hals* et *Sa dernière volonté ou l'Optique du théâtre* (Madeleine, 1931) alors que les deux sont amants et songent à un double divorce. Tentant de les séparer, Sacha part de nouveau en tournée avec Yvonne, tandis que Fresnay reprend *Jean III*. Et alors que *La Jalousie* entre au répertoire de la Comédie-Française, que l'on parle pour Sacha d'une candidature à l'Académie, la séparation intervient sur le mode vaudevillesque : Fresnay, perché sur une branche d'arbre, tente de pénétrer dans la chambre d'Yvonne ; Berthe Bovy, son épouse bafouée, clame partout

Théâtre de la Madeleine, le 28 mars 1931 : première de *Sa dernière volonté ou l'Optique du théâtre*, assez curieuse réflexion sur le passage de la vie à la scène, réunit un autre trio qui en illustre exactement le propos : le mari, la femme et l'amant sur le plateau (ci-dessous), Pierre Fresnay à gauche, Sacha Guitry et Yvonne Printemps.

son infortune en y associant Sacha ; Yvonne gifle Jacqueline pendant une répétition ; Sacha enlève cette dernière dans un wagon privé. Le 17 juillet 1932, Yvonne quitte définitivement le domicile conjugal. Fin de partie, dont on peut se demander si le maître n'a pas, *commediante*, quelque peu organisé la gradation. Puisque ces mystères nous dépassent…

Interlude

Revenons en arrière : en 1920. La firme Guitry s'enorgueillit d'un trio magique : Lucien, le père, Sacha, le fils et la bru, Yvonne Printemps. Les noces du couple ont été célébrées l'année précédente. Sacha décide alors d'offrir à son épouse une déclaration d'amour en cinq tableaux qu'il intitule le plus simplement du monde : *Je t'aime*. Le maître mélange dans son gobelet les ingrédients d'un cocktail qui devait le griser lui-même. Un homme dans la force de l'âge et une femme plus jeune se rencontrent, se plaisent, déplaisent à d'autres, s'en moquent et contournent tous les obstacles. Rien ne peut leur porter ombrage. En échangeant des mots simples, ils parcourent les chemins embaumés de la poésie conjugale.

Dans un restaurant s'effectue la première rencontre. Sacha se garde d'apparaître tout de suite. Pour distraire le public en aiguisant son impatience, il charge certains comparses de tenir la scène – *prestissimo* – de fantasque façon. Procédé cher à Musset que Guitry revendique en proclamant que la fantaisie n'est pas un prêt, elle est un don. L'auteur-acteur apparaît alors. Portant beau, jouant plus en profondeur que d'habitude sans toutefois réprimer des éclairs de malice. Sa victime, attirée dans un guet-apens galant, n'est ni une oie blanche, ni une ravageuse. Tout de suite sous le charme, elle comprend, admet, obtempère et emboîte le pas à ce compagnon qu'elle devine définitif. Tous deux disparaissent, laissant le maître d'hôtel en proie à une crise de hoquet.

Après la fantaisie qui consacra l'auteur autrefois, la malice va l'emporter au deuxième acte. Dans un salon meublé au goût du jour vont se dessiner, aiguës,

Pour vivre heureux (manuscrit ci-dessous), première version de *Je t'aime* (Édouard-VII, octobre 1920), n'est rien d'autre qu'une déclaration d'amour de Sacha à Yvonne. Dès sa création, la pièce fait la couverture de la revue *Le Théâtre* (page de droite, en haut). Dédicacée par l'auteur « à Yvonne et à Printemps », qui l'incarne au-delà de toute expression. Pourtant, près de vingt

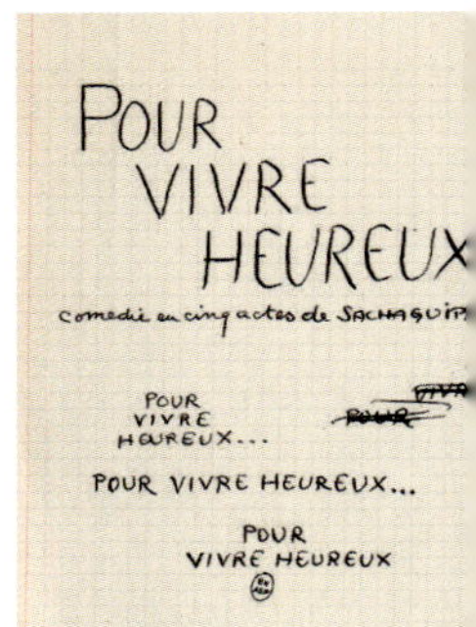

ans plus tard, Sacha suppliera Geneviève de Séréville, qui deviendra sa quatrième épouse, d'apprendre le rôle à son tour.

En guise de final, un long monologue de l'auteur qui disserte sur l'amour, ce sentiment impossible à saisir, à définir, à résumer et qui vous entraîne. Jusqu'au jour où il meurt, et qu'il n'en reste que la nostalgie. De la meilleure prose théâtrale.

Je t'aime a été représenté pour la première fois, le 12 Octobre 1920, au Théâtre Edouard-VII.

PERSONNAGES

Lui	M. Sacha Guitry.
Elle	Mme Yvonne Printemps.

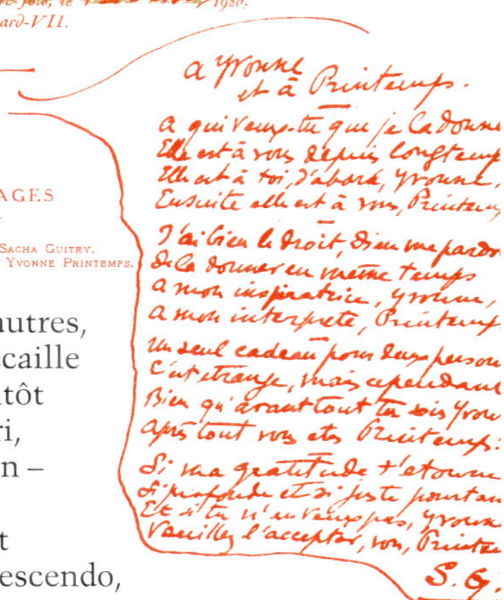
a Yvonne
et à Printemps.

A qui veux-tu que je la donne
Elle est à vous depuis longtemps
Elle est à toi, d'abord, Yvonne,
Ensuite elle est à vous, Printemps

J'ai bien le droit, Dieu me pardonne
De la donner en même temps
A mon inspiratrice, Yvonne,
A mon interprète, Printemps.

Un seul cadeau pour deux personnes
C'est étrange, mais cependant
Bien qu'avant tout tu sois Yvonne
Après tout vous êtes Printemps :

Si ma gratitude t'étonne
Si profonde et si juste pourtant
Et si tu n'en veux pas, Yvonne
Veuillez l'accepter, vous, Printemps

S. G.

« *Lui.* – Tu veux que je jure quelque chose ?
Elle. – Oui…
Lui. – Eh bien, je jure de t'aimer toujours…
Elle. – Tiendras-tu ton serment ?…
Lui. Ça, je ne sais pas !
Elle. – Oh !
Lui. – Mais, mon chéri, c'est ça l'amour et c'est pour ça que c'est si beau !
Elle. – Ah ! Non… Ce n'est pas vrai, non, mon amour à moi…
Lui. – Pour tous il est le même !… Il n'y a pas deux façons d'aimer quand on aime vraiment et pour le dire on dit : "Je t'aime !" et tout est dit ! C'est la fragilité même de l'amour qui le fait si précieux ! Si quelqu'un pouvait nous donner la certitude que notre amour est éternel… peut-être cesserions-nous de nous aimer… »

Je t'aime, acte V

vigoureuses, cursives, les esquisses des mœurs du temps chez les nantis. La comédie est datée, ce qui ne veut pas dire démodée. Images tapageuses, rythmées par un jazz « nègre », plaisirs convenus qui en laissent soupçonner d'autres, tout ce luxe frotté de faux-semblants s'écaille dès la fuite des héros de l'histoire. Aussitôt les personnages emblématiques – le mari, la femme, l'amant, les maîtres de maison – perdent leurs masques. La jalousie, la méchanceté, la vulgarité bouillonnent – staccato – et s'épaississent. Lancées crescendo, les répliques atteignent avec la calomnie le point de non-retour qui déclenche la chute du rideau.

Le troisième acte se loge dans la chambre à coucher de Lui et d'Elle. Il parvient de ravissante façon à faire partager au spectateur l'intimité du couple. Le dialogue au vitriol du tableau précédent fait place à une bonne humeur jubilatoire. La situation du deuxième acte s'inverse. Lui propose de rayer du carnet d'adresses ce ramassis de faux amis, souriants et détestables, inutiles puisqu'ils gâchent chaque minute d'un temps précieux pour qui s'adore. Les répliques fusent, crépitantes, sans aigreur. Comme l'a écrit Léautaud, « le dialogue devient un échange rapide, aisé, net, fin, moqueur, naturel, juste, dans lequel s'exprime par instants l'émotion la plus vive ». C'est l'allegretto qui donne la direction du bonheur.

Le quatrième tableau nous ramène au salon, où officie le « parasite » de la maison. Sacha avait choisi pour le rôle Marcel Levesque, comique inspiré à la voix embrumée, au nez monumental, qui semblait toujours émerger d'on ne sait quelles profondeurs. Le parasite, sous couleur de dévouement amical, arnaque à la petite semaine ses amis. Épargné dans la liste des proscrits, il prépare lui-même sa déchéance. Le dernier obstacle à une vie libre est levé à son départ, habilement négocié au cours de l'intermezzo.

Au dernier acte, le couple se retrouve enfin seul, parcourant une maison cossue symbole du bonheur conquis. La maison conçue par l'amour, pour l'amour, revêt une importance extrême : « Ce n'est pas un objet qu'on a déposé sur le sol, non, c'est une chose infiniment robuste… J'ai voulu qu'elle fût plus solide encore que notre amour… […] Enfin je veux que nous n'en partions jamais. » Émue et ravie, Elle objecte pourtant : « Jamais tu ne te dis que peut-être, un jour, je cesserai de t'aimer. » Il réfute : « Tu serais assez bête pour cesser d'aimer un homme qui a une maison ? Je ne peux pas croire ça. » Elle insiste : « Tout de

même, c'est déjà arrivé. » Il rétorque : « Alors c'est que ce n'était pas une maison solide. »

Pressentiment ? Non, pour l'instant Sacha entonne le cantabile et développe son art de vivre : rendre les gens heureux. Aux effusions s'accroche le souvenir des chansons et de ces mille riens qui agrémentent la vie. L'homme exalte le bonheur d'Adam et Ève, seuls dans le paradis terrestre. Les arbres, la mer, le ciel les protègent. Là-bas, un portail va s'ouvrir sur l'éblouissement d'une nouvelle décennie. Apothéose qui n'empêche pas l'auteur d'oser un pied de nez moqueur : « Si un jour un auteur dramatique a l'idée saugrenue de faire une pièce sur nous, sur notre amour… il faut que le critique puisse dire : ce n'est pas une pièce, il ne se passe rien. » Ce rien que la dextérité et l'invention font mousser. L'allégresse est constante, souvent ironique, toujours gracieuse. Elle folâtre dans la bouffonnerie, avant de virer à la gravité délicate. La tendresse pointe, l'émotion, en s'éveillant, s'ébroue dans un éclat de rire. Talent de fixer les traits d'une époque. Dialogue aimable, parfois doux-amer, toujours percutant, qui irisera constamment les pièces à venir, car il coule de source. Le bonheur scintille à portée de la main : chacun peut s'en emparer. *Je t'aime*, bijou caché dans son écrin, remporta un succès triomphal.

Cinq actes, cinq clichés de Waléry pris au cours des représentations – page de gauche, de haut en bas : l'acte I au restaurant, l'acte II chez les nantis, l'acte III dans la chambre à coucher (détail ci-dessous) des amants, l'acte IV avec le « parasite » et l'acte V dans la maison du couple, symbole de leur amour. Le texte de *Je t'aime* vaut d'être étudié pour sa fluidité étonnante (ci-dessous, manuscrit du début de l'acte III). Guitry aurait pu – dû ? – en tirer un film : son verbe fait mouche et merveille, l'enchantement s'installe.

La raison sociale Guitry-Printemps chavire au début des années 1930. Sacha choisit Jacqueline Delubac, inexpérimentée mais perspicace, pour remplacer l'irremplaçable Yvonne. Immédiatement, l'élue est happée par l'engrenage d'un travail incessant. Infatigable, le comédien s'acharne à briller, multiplie les succès, s'impose à l'écran. Auteur officiel de la IIIe République, envié et brocardé, n'en ayant cure, il se fixe au faîte des honneurs et de la renommée.

CHAPITRE 3

LE SEPTIÈME CIEL ET LE SEPTIÈME ART

Scénario original (à gauche, scène de *Bonne Chance* tourné en 1934) ou adaptation d'un succès théâtral (à droite, affiche du *Nouveau Testament*, 1936) : deux directions explorées en parallèle au cinéma par Guitry. Avec en vedette féminine la délicieuse Jacqueline Delubac, nouvelle égérie qui va convertir le maître au septième art.

Le 20 février 1935, Sacha réunit quelques amis au Ritz pour leur apprendre son mariage avec Jacqueline Delubac. Le couple qu'ils forment depuis trois ans est celui d'un homme d'hier et d'une femme d'aujourd'hui. Sacha prodigue son renom, son inlassable activité, ses succès ininterrompus, son goût provocateur pour l'épate et le jaillissement perpétuel de son bonheur de vivre. Jacqueline, issue d'une famille de la bourgeoisie lyonnaise, visait, encouragée par sa mère, la réussite artistique. Brune aux yeux bleus, sa beauté et son élégance s'accordent avec une parfaite maîtrise de soi et une enviable perspicacité.

Avril 1933 : Sacha présente officiellement sa nouvelle conquête aux Parisiens dans *Châteaux en Espagne*, pièce jouée au Théâtre des Variétés. Jacqueline, attentive, écoute les recommandations de son professeur. Dans ses mémoires *Faut-il épouser Sacha Guitry ?* (1976), elle le décrit « le front haut, bien dégagé, la nuque épaisse, le sourcil dur », lui inculquant la façon d'entrer en scène et de prononcer la première réplique en triomphant d'une émotion bien naturelle. Le public, un peu réservé d'abord, applaudit finalement. Ci-dessus, Sacha et Jacqueline lors d'une répétition de la pièce, couverture du magazine *Vu* du 12 avril 1933.

Le couple Guitry-Delubac est bousculé à ses débuts par les bourrasques d'Yvonne Printemps, prête à rompre mais irritée d'entrevoir sa remplaçante et acharnée à monnayer impitoyablement la séparation. La désillusion de l'un, le dépit de l'autre gâtent le souvenir des années folles et l'image du duo légendaire. Questionné sur ce qui n'est plus, le maître demeure évasif : « Elle, la plus aimée ? Non ce n'est pas cela… mais ce fut une telle réussite ! »

Succéder à Yvonne ?

Engagée en novembre 1931 pour tenir le rôle d'une Anglaise dans *Villa à vendre*, Jacqueline Delubac admire le rayonnement d'un homme auréolé « d'une inexplicable et éternelle adolescence ». Le mois de juillet suivant la précipite définitivement dans l'orbite Guitry, tandis qu'Yvonne Printemps fulmine et attise le scandale.

La succession est difficile, mais la jeune femme inexpérimentée sait tenir sa place et prouver ses talents : chanter un peu, danser. Jacqueline avait joué la comédie aux Bouffes, participé aux revues de l'Empire, tourbillonné au Palace. Elle s'était aussi essayée au cinéma parlant. Le travail aspire aussitôt la nouvelle élue dans la spirale des répétitions, des représentations, des tournées et des galas.

Jacqueline hérite de pièces où d'autres ont laissé leurs marques (*La Pèlerine écossaise*, *La Jalousie*, *Désiré*) avant que son mentor l'exhibe dans *Châteaux en Espagne* (1932) aux Variétés, salle parisienne par excellence, au passé célèbre, à la troupe renommée. Habillée à ravir, elle apparaît discrète dans l'ombre du grand homme qui, d'entrée, interpelle son public : « Ça ne vous ennuie pas que j'aie bon goût ? » Il va murmurer, le rideau tombé : « Elle se défend très bien sur scène. Pas assez mûre de métier... mais elle est jeune. » Pourquoi s'inquiéter puisque l'auteur a l'oreille de Paris et que l'acteur s'écrie sous les applaudissements : « Mon Dieu, mais qu'est ce que j'ai fait pour être accueilli de la sorte ? » Passez muscade.

Pour Jacqueline, le tapis rouge se déploie, la corne d'abondance se déverse. Son anniversaire déclenche les vœux des chefs d'État et les compliments de Greta Garbo. Sacha la pare de fourrures, lui offre un poudrier clouté d'émeraudes. En souvenir de leur première nuit, ce sera un diamant accompagné d'un éloquent madrigal : « Je suis amoureux de ton corps, amoureux de ton âge. Si nous n'avions pas de témoins, je te le dirais moins... mais le prouverais davantage. »

Bourgeoise un jour, bourgeoise toujours, ainsi se définit Jacqueline Delubac (ci-dessous). Très avisée, intelligente, experte à mettre en valeur les attraits de sa silhouette, la grâce de ses mouvements soulignée par l'élégance du maintien. Excellente actrice de surcroît, malicieuse et fraîche, naïve et rouée, sachant se glisser à son avantage dans la chemise de nuit de *Faisons un rêve* (1936), porter la coiffe et le châle d'une Arlésienne dans *Le Roman d'un tricheur* (1936), revêtir le vertugadin funèbre de Marie Stuart et se parer de la tunique de Joséphine dans *Les Perles de la couronne* (1937). Après les années avec Sacha, on la verra ambassadrice de la mode et collectionneuse avertie.

16 pages – 75 centimes

MARIANNE

GRAND HEBDOMADAIRE LITTÉRAIRE ILLUSTRÉ

5, Rue Sébastien-Bottin - Paris (7e)

Directeur : Emmanuel BERL

Publie cette semaine

Les Mémoires d

par SACHA GUITRY

Au théâtre, les créations s'enchaînent

Adam et Ève, un acte joué le 10 mai 1933 à la Comédie-Française, scandalise les abonnés, qui flairent une attaque antireligieuse. L'auteur n'en a cure. Ancré à La Baule, il écrit avec une plume à cinq becs : deux comédies (*Le Renard et la Grenouille*, *Un tour au paradis*) deux opérettes (*Ô mon bel inconnu*, *Florestan Ier, prince de Monaco*) et, comme la comédienne Cécile Sorel, toujours fringante, doit descendre le grand escalier du Casino de Paris, il lui confectionne prestissimo les sketchs de *Maîtresses de rois*.

La saison parisienne est ainsi assurée, cependant Jacqueline n'est pas distribuée. On doit même la remplacer, malade, pour la reprise de *L'Illusionniste*, une des pièces préférées de l'écrivain, qu'il interprète avec le brio d'un prestidigitateur et dont le prologue se déroule sur la scène de l'Alhambra, grand music-hall de Paris, et le premier acte dans la loge du magicien. La nouvelle compagne de Guitry, travaille, pourtant. Sûre de son fait, elle entreprend de convertir Sacha au cinéma. Les essais d'autrefois, *Un roman d'amour et d'aventure* et *Ceux de chez nous*, n'ont pas été concluants : l'un et l'autre muets, le premier oublié, le second simple galerie de portraits patriotiques. Mais pourquoi briguer une deuxième place au cinéma quand on est le roi du théâtre ? D'ailleurs, en 1934, la firme Guitry fonctionne

Vénéneux ces champignons ? Le conteur de *Mémoires d'un tricheur* l'affirme. Ils vont générer un récit (ci-dessus, publication dans *Marianne* et, ci-dessous, aux éditions Gallimard) puis un film, à la fois modèle d'écriture et courant d'air frais dans le cinéma français.

à plein rendement. À la fin de juin, à Biarritz, Sacha achève *Mémoires d'un tricheur,* réservés à *Marianne,* journal littéraire dirigé par Emmanuel Berl. Ils deviendront chez Gallimard un roman à succès.

Les chicanes d'Yvonne Printemps ne cessent pas mais, peu à peu, Sacha Guitry devine que la logique de Jacqueline est imparable. Le cinéma parlant c'est, pour lui, l'avenir et la pérennité. Le septième art vient de capturer Guitry. Il ne le lâchera plus.

un Tricheur

"Depuis trente ans que je joue à la roulette, je joue toujours les mêmes numéros, le 35, le 3, le 26, le 0 et le 32 et je les joue pour deux raisons. Ou bien parce que l'un d'eux vient de sortir, ou bien parce qu'aucun des cinq ne vient de sortir. Lorsque j'ai constaté que ce système m'avait entraîné dans des pertes assez importantes, j'ai voulu remédier à cet ennui qui m'arrivait et je me suis fourré dans la tête cette idée que je devais, sinon gagner au jeu, sinon ne pas y perdre. J'y suis arrivé : j'ai fait un film sur le jeu, *Le Roman d'un tricheur*, et si ce film a du succès, je finirai par considérer que toutes les heures que j'ai passées autour du tapis vert, je les consacrais au travail, à la documentation qui m'était nécessaire. Je vais plus loin encore, car il faut être logique dans la vie : tout cet argent que j'ai perdu, je vais avoir le droit de le soustraire de ma déclaration d'impôt en le faisant figurer à la rubrique : frais professionnels. Je n'ai donc pas à insister sur les avantages que le jeu aura eus pour moi."

Sacha Guitry,
L'Intransigeant,
le 9 août 1936

Ci-contre, Sacha Guitry en magicien dans *L'Illusionniste*.

Guitry se lance dans le cinéma

Jacqueline dame le pion à Yvonne. Elle va paraître dans onze films où elle impose un jeu débarrassé des artifices et des conventions, sa science du mouvement, l'élégance de sa silhouette, son charme et sa drôlerie. Onze films qui vont défier la fuite des ans, les ravages des guerres. Onze films qui ravissent leur auteur : « Je travaille douze à quinze heures par jour et je m'amuse comme un fou. » Vont suivre les adaptations des succès théâtraux. Guitry applique à ses premières réalisations les préceptes dont il ne dérogera jamais : tout prévoir et présenter au studio un film non seulement découpé, mais monté. Tout est noté : jeux de scène, raccords et gestes.

À la Madeleine, *Le Nouveau Testament* démarre pour cent trente représentations en attendant d'être enregistré par la caméra. Le 7 novembre 1934, le divorce Sacha-Yvonne est prononcé aux torts réciproques des conjoints. La pension alimentaire d'Yvonne est suspendue. Cinq millions de francs en bijoux reçus autrefois en guise de cachets ne suffisent pas : elle regimbe, va en appel, entame un nouveau procès et finit par annoncer son mariage avec Pierre Fresnay.

En cette fin d'année, la radio diffuse la voix célèbre. Elle s'adresse solennellement aux enfants le matin de Noël : « Réveillez-vous, enfants de France / Ouvrez vos grands yeux innocents / Voici l'heure des récompenses / Que le Père Noël dispense / À ceux qui sont obéissants... »

Coincées entre un gala franco-américain et une tournée sur la Côte d'Azur, les représentations de *Mon ami Pierrot* à l'Opéra-Comique s'effacent devant des vacances de neige en Suisse où l'on invite l'actrice Arletty, grande amie de Jacqueline. Le pourvoi d'Yvonne est rejeté. Dans le mouvement Guitry épouse Delubac : « Je fête mes cinquante ans, Jacqueline en a vingt-cinq. Il était normal qu'en ce

jour elle devint ma moitié. » La villa de Cap-d'Ail abrite les mariés avant qu'une nouvelle tournée ne les mobilise. De retour, les tournages de *Pasteur* et de *Bonne chance* débutent. Sacha évoque son père en s'emparant d'un de ses meilleurs rôles et il offre à sa femme une fantaisie filmée où se perçoivent les battements de cœur du plus parisien des couples.

À la rentrée, au Théâtre de Paris, *Quand jouons-nous la comédie?* échoue. L'auteur affecte d'en sourire, enchanté du triomphe à la Madeleine

Ci-dessous, scène de *Bonne chance* pour laquelle la caméra a été ingénieusement placée sur le capot de la voiture. Guitry cinéaste (à gauche, donnant des indications à Jacqueline Delubac) veille à tout (ci-dessous, métrage des scènes annoté de sa main).

de *La Fin du monde*. Usant des moules traditionnels de la vieille comédie farcie de quiproquos et de rebondissements, cette parodie de pièces qui amusaient nos arrière-grands-pères débute par un délicieux prologue où, en quelques touches, la douceur de vivre est ressuscitée.

Les premiers grands films

Les jours fastes se succèdent. Ayant régalé de ses interventions le président de la République au gala des Gueules cassées, Sacha s'occupe d'un hommage en faveur de Louis Gauthier, vieil acteur qu'il estime beaucoup, et inaugure, le 8 décembre 1935, les premiers essais de télévision. Le 1er août 1936, Guitry reçoit du ministre de l'Éducation nationale et des Beaux-Arts, Jean Zay, les insignes de commandeur de la Légion d'Honneur.

Le travail s'intensifie, le rythme s'accélère. Jacqueline, essoufflée, constate : « Je n'ai jamais autant travaillé de ma vie. » Tournages du *Nouveau Testament* puis du *Roman d'un tricheur*. Reprise à la scène de *Mon père avait raison,* dont le décor reconstitué chez Gaumont permet de réaliser le film en dix jours. Le 5 juillet 1936, il écrit la dernière réplique du *Mot de Cambronne* et rafle la mise avec *Le Roman d'un tricheur*. Si la critique, déconcertée, s'interroge, le public s'empresse : cinq mois d'exclusivité pour un récit mimé, commenté par la voix du conteur, exception faite d'une scène étincelante avec Marguerite Moreno. L'acteur-auteur surprend parfois avec des postiches et des déguisements qui rappellent ses gamineries de jeunesse.

Le 30 septembre, c'est la fête : cent amis applaudissent la naissance de la centième pièce du maître.

À peine une pièce s'achève-t-elle qu'on l'enregistre. Sacha continue d'invoquer le fantôme paternel avec *Mon père avait raison* (programme publicitaire ci-dessus) et fait jouer à Jacqueline le rôle de sa fille dans *Le Nouveau Testament* (ci-contre, à côté de Betty Daussmond).

Le Mot de Cambronne vole le succès à *Geneviève*, essai de mélodrame ironique. Jacqueline s'y montre fort touchante avant d'évoluer en servante antillaise des Cambronne, la seule à murmurer le mot fameux. Il suffira d'une journée à Guitry pour filmer intégralement cette comédie.

Faisons un rêve marquera l'apogée de la pièce filmée. La prestation de Sacha, maîtrisant à la perfection le long monologue du deuxième acte, nuançant sa voix au gré de ses gestes et de ses déambulations, parvient ainsi en affirmant ses qualités de grand acteur à réconcilier le théâtre et le cinéma et à dompter sa vieille ennemie la critique.

Au terme d'une année fructueuse, Guitry entrevoit, à l'occasion du couronnement du roi d'Angleterre George VI, ce que pourrait être un film fastueux où il galoperait loin des sentiers battus en débridant sa fantaisie. Retiré en janvier 1937 à Cap-d'Ail, Sacha maîtrise le scénario touffu des *Perles de la couronne*, se joue des contraintes qu'imposerait le doublage grâce à la voix off de l'auteur, fait des pieds de nez à l'Histoire, à laquelle il emprunte décors, costumes et toiles de fond, réutilise des scènes de sa fresque *Histoires de France*, envisage de rassembler sur le paquebot *Normandie* la grande bourgeoisie parisienne pour assurer la figuration, accepte le concours technique de Christian-Jaque et commence à diriger ses multiples interprètes avec sa courtoisie reconnue, le 15 février.

Dans *Les Perles de la couronne*, Guitry agite à la façon d'un marionnettiste des pantins échappés des histoires de France et d'Angleterre. Relatant les aventures des pierres qui ornent la couronne britannique, le film ressuscite un pape finaud, un roi sanguinaire, une improbable reine d'Abyssinie, Henri IV alignant les bons mots, la Du Barry prête à perdre la tête, Napoléon III en humeur de valse et Bonaparte, plus fringant que jamais. Et Sacha exhibe ses mollets sous le pourpoint de François Ier (ci-dessous, sur le plateau de tournage du film).

SACHA GUITRY
ET JACQUELINE DELUBAC
dans
MILLE FRANCS
LE ROMAN D'UN TRICHEUR
film nouveau de SACHA GUITRY écrit et réalisé par lui
MM.rs PIERRE ASSY_GASTON DUPRAY_SERGE GRAVE_PIERRE LABRY_H.PFEIFER
MMmes PAULINE CARTON_FREHEL_ELMIRE VAUTHIER et ROSINE DEREAN
en ont été les principaux interprètes avec le précieux concours de
CINÉAS
MARGUERITE MORENO
TOBIS
FILMS SONORES TOBIS _ 44e Champs-Elysées _ PARIS _

« Unique film de fiction de l'histoire du cinéma qui soit commenté en voix off à 90 % » (François Truffaut), *Le Roman d'un tricheur* (page de gauche, affiche du film) parvient à faire oublier cette singularité. Le tricheur va permettre à l'acteur de s'abandonner aux délices du grimage, des postiches, des faux crânes (ci-dessous, les différentes identités prises par Guitry dans le film). Ci-contre, le joueur attentif à la table de jeu du casino de Monte-Carlo.

RAIMU
(LE MARI)

JACQUELINE

FAISONS UN RÊVE
SCÉNARIO

C'EST UNE HISTOIRE TRES SIMPLE ET TRES JOLIE, OU LA GRACE LEGERE S'ALLIE A LA GAITE CHARMANTE QUE, SEUL, SACHA GUITRY SAIT DONNER A SES PIECES ET A SES FILMS.

TROIS PERSONNAGES, DESORMAIS CLASSIQUES : LE MARI, LA FEMME, L'AMANT...

MAIS ILS N'AGISSENT PAS CLASSIQUEMENT : SACHA GUITRY EST PASSE PAR LA.

Trois acteurs, trois actes, dans un seul appartement, où chaque objet va compter, surtout le téléphone, qui entendra à plusieurs reprises se manifester de la plus exubérante manière le lyrisme du comédien. Ayant triomphé à la scène, *Faisons un rêve* triomphe à l'écran avant de revenir au théâtre pour d'innombrables reprises (page de gauche, en haut, la pièce avec Yvonne Printemps en 1927 et le film avec Jacqueline Delubac en 1936). Comme l'a compris le critique Jean Douchet : « Guitry déplace la magie de l'image vers la voix. Séductrice et troublante, elle captive sa proie et la pousse au vertige en même temps qu'à la faute. Elle a une présence physique. Elle est un organe au sens sexuel. » Jacqueline Delubac, radieuse, Raimu, lourdaud et retors, et Sacha, papillonnant (ci-contre et en haut, détails du programme publicitaire du film), tiennent leur partie à merveille dans ce petit orchestre de chambre. Pour mettre en appétit le public, un prologue permet à d'autres artistes de se joindre à cette fête étourdissante, d'André Lefaur à Marguerite Moreno, d'Arletty à Claude Dauphin, de Michel Simon à Victor Boucher, de Marcel Levesque à Yvette Guilbert...

Le film sera présenté au président de la République, Albert Lebrun, et au président du Conseil, Léon Blum, le 10 mai 1937. Un gala au Marignan le 12 ouvrira l'exclusivité, qui s'achèvera le 4 août. Énorme succès de curiosité, le public sera de plus très heureux de retrouver ensuite Sacha en domestique de grande maison dans *Désiré*. En compagnie d'Arletty et de Pauline Carton, il dresse le couvert, entraînant les comédiennes autour de la table dans une chorégraphie des plus réussies.

Drame de la jalousie

Cependant, Jacqueline commence à se morfondre, en dépit de ses rôles (Marie Stuart, Joséphine de Beauharnais) dans *Les Perles de la couronne*, et malgré sa très convaincante interprétation d'Odette, demi-mondaine rangée et bourgeoise de fraîche date rêvant à son maître d'hôtel, Désiré. En dépit de toutes les attentions de son mari, du luxe qui l'entoure et l'étouffe, elle s'impatiente de la perpétuelle jalousie de Sacha, qui contrôle tout, notamment ses toilettes, et n'admet aucune sortie imprévue. Insensiblement, les rapports se tendent. Jacqueline veut échapper à cette vie entre cour et jardin. Il lui faut rire librement, sortir, retrouver la jeunesse.

À la fin de septembre 1937, *Quadrille* entame ses cent soixante-treize représentations. Achevée à Évian en août, la pièce réserve un joli rôle à Jacqueline, qui se distingue aux côtés de Gaby Morlay. Mais la critique s'intéresse plus à cette dernière, ce qui

Désiré, pièce de théâtre adaptée au cinéma où s'entrecroisent les fils des songes dévoilant l'inconscient de Madame et de son valet Désiré (ci-dessus, le duo Delubac/Guitry).

vexe la femme du maître. Jacqueline se plaint d'être uniquement remarquée pour ses toilettes : « Que suis-je ? Une invitée honoraire. »

Geneviève, ou l'acte IV

Soucieux de la consoler, Sacha lui offre deux superbes perles. Peine perdue, le fossé se creuse d'autant plus qu'en coulisses Mlle de Séréville glisse son fin museau de biche et que Sacha, flairant la proie, perd la tête, lui qui contrôle la moindre incartade de Jacqueline.

Geneviève de Séréville rêve du métier d'artiste. Elle a décroché le titre de Miss Cinémonde et figuré dans quelques films. À l'improviste, elle est présentée à Sacha Guitry. Las de l'énervement de Jacqueline, le grand homme s'installe sur un nuage et déclenche une machine infernale que rien ne peut arrêter. Surtout pas le tournage d'une nouvelle fantaisie historique, *Remontons les Champs-Élysées*, où Jacqueline doit se contenter d'un rôle secondaire, celui de la pythonisse qui prédit avec le sourire la mort des uns et des autres. Geneviève, elle, a le droit de chanter au clavecin son amour pour l'automne, la plus belle des saisons.

Il était obligatoire que Sacha Guitry, sous la perruque poudrée de Louis XV, apprivoisât dans le Parc-aux-Cerfs les biches consentantes qui lui faisaient les yeux doux. Le scénario de *Remontons les Champs-Élysées* (ci-dessous, programme publicitaire du film) emmêle et débrouille les épisodes et les anecdotes retraçant l'histoire de l'avenue célèbre. Le récit, tout en favorisant les boudoirs du Bien-Aimé, se fragmente en une multitude d'historiettes narrées bon train, toujours amusantes bien que de parti pris, mais le sourire prime et un frisson cocardier souligne la conclusion. Cependant la nouvelle élue, jeune et fraîche, chantonne à son roi les charmes de l'automne, et celui-ci veut bien la croire (ci-contre, Sacha Guitry et Geneviève de Séréville).

Au demeurant, le film va bon train, construction baroque étagée sur quatre siècles (le XVIIIe ayant la part belle), parsemée de courtes scènes qui font mouche et de quelques coups de griffe réactionnaires. La verve ne se dément jamais et les imbroglios du scénario, prestement noués et dénoués, amènent à une conclusion cocardière : la guerre ne cesse de rôder.

D'ailleurs l'Entente cordiale amène les souverains britanniques à Paris. Ils applaudissent à l'Élysée le divertissement demandé à Guitry, *Dieu sauve le Roy*,

La période Delubac se ferme sur un personnage aux allures masculines qui tend ses lèvres au psychanalyste. L'actrice s'éloigne. Ainsi se termine, sinon *Un monde fou* (ci-dessus, à la Madeleine), du moins une époque heureuse et novatrice dans la vie de Guitry.

où l'on parle d'un lord Churchill, ambassadeur d'Angleterre, et d'une Mme de Brinon, auteur d'une cantate pour Louis XIV, sans l'ombre d'un funeste pressentiment. L'auteur bien servi par lui-même, tantôt Roi-Soleil, tantôt Bien-Aimé, va se réfugier au début du printemps dans une maison de repos en Suisse pour écrire sa nouvelle pièce et à l'occasion jouer à cache-cache avec Geneviève.

Un monde fou emplit la Madeleine au début novembre 1938. Variations désenchantées sur la fin d'un couple. Séparation douloureuse enrobée dans une amusante satire de la psychanalyse et du freudisme. Le sourire cache mal la grimace, comme si Jacqueline, parfaite dans un dernier rôle ambigu, troublait Sacha par sa rupture et l'inquiétait pour un avenir incertain. Au repas de la cinquantième, Mme Guitry ne paraît pas. Fière de n'avoir rien à se reprocher, elle a rejoint sa mère. Les dernières répliques de la pièce : « Aimer, aimer, s'aimer... Il en viendra bientôt encore et s'il n'en vient pas une, il en viendra plusieurs » attestent qu'on ne divorce pas sans mélancolie.

En guise d'adieu, Guitry tourne ce compliment :
« Le chemin que tu viens de faire
Non, mon petit Jacquot, ce n'est pas du tout
D'avoir convaincu les juges et les experts !
Le chemin que tu viens de faire
C'est moi, Sacha, qui en prends acte
Quand je vois avec quel art et quel tact
Tu donnes la vie et l'âme à tout ce que tu joues. »

Un instant de calme, le temps d'un déclic. Guitry tel qu'en lui-même, on n'ose dire au repos, car le front est soucieux et la courbe des lèvres se dérobe au sourire. Le grand homme est absorbé dans la contemplation d'une des merveilles de sa collection : le manuscrit de *L'Éducation sentimentale*, de Flaubert (ci-dessus). Lit-il ou rêve-t-il ? Il soigne en tout cas la pose, s'arrangeant pour montrer sa main, qu'il sait être belle.

1939-1945 : tout au long des années de plomb, l'illusionniste cède la place à l'équilibriste. Persuadé de remplir une mission dans Paris occupé, Sacha Guitry est happé dans une spirale de représentations, de conférences et de galas où il joue la vedette à part entière, dosant son goût pour l'ostentation avec son amour proclamé de la France et sa dévotion pour le maréchal Pétain. L'assistance que, de grand cœur, il consent à donner aux solliciteurs de toutes sortes va l'obliger à taquiner témérairement le feu… au risque de s'y brûler.

CHAPITRE 4

LA TRAVERSÉE PÉRILLEUSE

Un beau mariage. Geneviève affiche vingt-cinq ans ; Sacha en compte cinquante-quatre (page de gauche). À la sérénité de l'une s'oppose l'étincelle inquiète dans le regard de l'autre. Fuyant les tempêtes conjugales, Guitry exalte la gloire de la France en cette période trouble. Ce qui le précipitera dans les cachots de l'épuration à la Libération (ci-contre, dessin extrait de *Soixante jours de prison*).

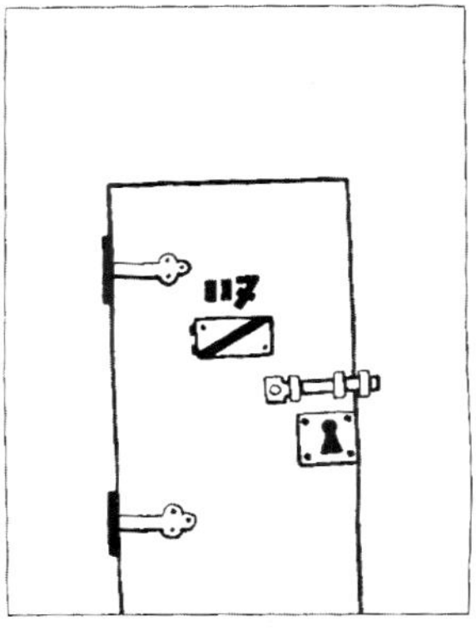

L'année de tous les orages, 1939, n'altère en rien la sérénité de Sacha Guitry. Geneviève s'abandonne à Pygmalion. Elle joue gentiment le collégien de *Deux Couverts*, puis, à Nice, apparaît furtive, dans *Sa dernière volonté ou l'Optique du théâtre*. En tournée à Londres, Guitry surmonte l'obstacle de la langue pour camper l'interlocuteur de sir Seymour Hicks, son homologue britannique. Geneviève, devenue interprète, traduit gracieusement les répliques des monstres sacrés. Succès mondain assuré. Pour se reposer, le cinéaste aligne les dialogues des *Neuf célibataires*.

M. de Séréville, malade, n'apprécie guère les promenades de sa fille. Il consent à rencontrer le comédien qui, la main sur le cœur, lui tourne le compliment et formule sa demande. Enfin acceptée. La cérémonie va se dérouler au début de juillet, mûrement orchestrée par le metteur en scène. Mariage civil à huis clos dans la propriété de Ternay; mariage religieux à l'église: assistance nombreuse mais choisie, la police un peu partout, les photographes à l'affût, les journalistes aux aguets. La pluie légère n'altère pas le sourire de Geneviève; son époux répond aux compliments pour sa récente élection chez les Goncourt.

L'aventure d'*Ils étaient neuf célibataires* (1939, affiche ci-dessus) relate l'histoire de sept couples qui tâtonnent à la recherche du bonheur que leur propose un séduisant faiseur – interprété par Guitry – habile à contourner les lois. Les multiples rebondissements du film constituent autant d'hommages aux grands comédiens d'une époque qui s'achève: Max Dearly et Marguerite Moreno, Victor Boucher et Betty Stockfeld, André Lefaur et Geneviève Guitry, Saturnin Fabre et Marguerite Pierry, Aimos et Elvire Popesco, Gaston Dubosc et Marguerite Deval, Sinoël et la princesse Chyo. La valse finale, semée de baisers et de rires, marque l'apogée de ces fantaisies et conclut en apothéose le modèle des films à sketchs.

Un homme très occupé

Le tournage de *Ils étaient neuf célibataires* s'est effectué sans heurts. Le film, pour lequel Guitry a rassemblé une copieuse et savoureuse brochette d'interprètes, sacrifie à la mode des sketchs mais évite de les éparpiller. L'auteur boucle en virtuose son récit. À chaque vedette, il dédie la fleur de son esprit. Pétillement incessant, crescendo irrésistible qui, au finale, culmine dans une allégresse communicative. Le chef-d'œuvre sortira dans la grisaille et la torpeur de la drôle de guerre et n'éblouira les cinéphiles que bien plus tard.

Dès le début des hostilités, Sacha réagit contre la fermeture des théâtres: « Il faut que le pays continue à vivre s'il a vraiment le désir de survivre. » Il écrit de courtes pièces de circonstance que *Florence* va vite remplacer. Trois actes rapides permettent à Elvire Popesco d'exécuter dans la salle de la Madeleine un numéro fantasque, tandis que Geneviève boude un rôle un peu en retrait. La confrontation avec les grands est une épreuve. Le talent de l'enfant choyée s'étoffera, mais les comédiens doivent toujours s'incliner devant le public. Sacha n'a-t-il pas rétorqué à sa femme qui refusait de jouer à l'annonce du décès de son père : « Il faut te donner corps et âme à ce dur métier. »

Le 5 juillet 1939, Geneviève de Séréville devient Mme Guitry (photo ci-dessous). Pour le meilleur et pour le pire. Dans son livre de souvenirs intitulé *Sacha Guitry, mon mari* (1959), elle évoque ce jour : « À la sortie de l'église, je m'appuie sur le bras de Sacha et j'ai bien du mal à garder l'impassibilité qui est de mise. Lui avance d'une démarche compassée, le visage agrémenté d'un sourire heureux. » Les badauds sont nombreux, installés un peu partout sur la place, sur les toits, dans les arbres ; des policiers se faufilent parmi les invités, bouquet du Tout-Paris, dont Mme Lebrun, épouse du président de la République, le général Pershing, héros de la Grande Guerre, et des membres de l'Académie Goncourt. La foule se presse, curieuse d'entrevoir ce marié grisonnant et cette jeunesse qui paraît sa fille. Les photographes harcèlent le couple et Mme Guitry se félicite de partager avec Yvonne Printemps le privilège de porter une robe signée Jeanne Lanvin.

Il court sans cesse après son ombre : au théâtre, où il commente les images retrouvées de *Ceux de chez nous*, au déjeuner Goncourt, où la présence de son ennemi Lucien Descaves ne le gêne en rien, à la radio, où il lit une lettre de Léon Bloy stigmatisant les Allemands, dans la rue où une rencontre avec Charlotte Lysès déclenche des propos acidulés. Qu'importe ! Geneviève joue à la maîtresse de maison et la guerre n'existe pas à Ternay. Sacha se félicite lui-même de sa belle humeur : « Je suis vraiment content, j'aime à divertir mes contemporains, je suis ravi quand j'ai le bonheur de les faire rire. »

Simple, longue et basse, jolie de lignes, la maison de Ternay – ancien rendez-vous de chasse datant du XVIIIe siècle – avait pour Guitry, qui l'avait acquise juste avant la guerre, un petit air abandonné, inachevé, plein de promesses (ci-dessus). Et Sacha complète, s'adressant à sa nouvelle épouse : « Il faut que le décor soit beau et que cette maison vous aille aussi bien qu'une robe » (G. de Séréville, *Sacha Guitry, mon mari*). Fille d'un baron, Geneviève a grandi dans un milieu d'industriels. La jeune femme chante, danse et rêve de monter sur scène, ce que Guitry va lui offrir : « Geneviève de Séréville,
Vous êtes à la fois réfléchie et folâtre /
Et je voudrais vous voir transporter au théâtre /
Tous ces dons ravissants qu'on vous voit à la ville. »

Sur la corde raide

Semblable au silence qui s'appesantit à l'approche de la tempête, la faconde de Sacha s'épanche moins au début de l'an 1940. Il diffuse sur les ondes ses vœux aux armées puis substitue quelques vers de sa façon aux couplets de Labiche pour la reprise de *Vingt-neuf degrés à l'ombre*. Il parvient à dialoguer avec Louis Jouvet à l'occasion de *Cigales et Fourmis*, impromptu composé pour le centenaire du Secours mutuel entre artistes. Le 1er mai, *Florence* reparaît à la Madeleine. Son temps est mesuré, la vraie guerre vient d'éclater.

Les époux gagnent Dax pour la cure du rhumatisant. Les nouvelles plus alarmantes de jour en jour, bientôt d'heure en heure, troublent Geneviève, tandis que Sacha observe le comportement des réfugiés qui affluent. Inquiet pour ses collections, il alerte sa secrétaire, lui fait charger une voiture, la lance dans les encombrements et finit par la réceptionner. Il veut plus encore, requiert la fille de la secrétaire pour récupérer le reliquat. Pétain parle, offre sa personne à la France et attend la décision du vainqueur pendant que les troupes ennemies pénètrent dans Dax.

Sacha hésite entre repli et retour, consulte Bergson, qui répond : « Paris bien sûr à qui vous devez tant. » Stylés, les gradés allemands saluent l'auteur célèbre, multiplient prévenances et courbettes, auxquelles il oppose mutisme et grise mine. Il ne pense qu'à soutirer les papiers nécessaires à sa décision de retrouver la capitale pour y défendre la culture française. Si Ternay est occupé, l'avenue Élisée-Reclus l'attend et, dès le 3 juillet, Sacha se démène pour le théâtre. Il obtient des secours pour les acteurs nécessiteux, refuse de couper certaines répliques de *Pasteur*, exige et reçoit les excuses d'un censeur trop arrogant. Conforté par les ovations qui accueillent la reprise de sa pièce, il se pénètre de sa mission : servir la France. Suspendu, *Pasteur* est remplacé par la projection de *Ceux de chez nous*, où la présence de Sarah Bernhardt déplaît à l'occupant. Sacha stoppe les représentations et s'abandonne à l'engrenage qui va l'obliger constamment à mettre son nom et son crédit au service des solliciteurs. Pour parvenir à ses fins, il cautionne par sa présence Radio-Paris sous contrôle nazi et répond à l'invitation compromettante d'assister au retour des cendres de l'Aiglon.

Pendant la guerre, Geneviève adopte le profil d'une épouse impeccable, appliquée à tricoter d'abord pour les soldats, plus tard pour les prisonniers (ci-dessous).

Devant l'affiche du solide vieillard qui endoctrinait la France (ci-contre), Sacha officia solennellement le 27 décembre 1940. Après la distribution de cadeaux, l'arbre de Noël du Secours national devint prétexte d'allégeance. Dans un bel élan patriotique, l'amuseur envoûta son auditoire juvénile (article de presse ci-dessous). La faveur dont il bénéficie de la part du maréchal lui permet de franchir la ligne de démarcation pour présenter à Vichy, en compagnie de Jeanne Fusier-Gir, Marguerite Pierry, Geneviève Guitry et Yvette Lebon, son succès parisien de 1942 *Vive l'Empereur* ! (page de droite, en haut). En butte à la malveillance des ultras de la collaboration, Guitry savait riposter et anéantir la calomnie (page de droite, en bas, réponse de Guitry parue dans *La France au travail* en 1941).

SAMEDI

28

DÉCEMBRE 1940

— Saints INNOCENTS —

2.500 enfants ont assisté au « Noël du Maréchal »

A la demande de M. Sacha Guitry, le chef de l'Etat est acclamé en la personne de son représentant, M. de Brinon

À ces embûches qu'il veut ignorer s'ajoutent les soucis d'un antisémitisme provocateur. *La France au travail*, journal haineux, *Au pilori*, feuille de chantage, dénoncent et harcèlent Monsieur Moi, stigmatisé comme juif bon teint. La colère le secoue, il se débat preuves à l'appui et improvise rageusement cinq actes qui ne verront jamais le jour, intitulés *Mon auguste grand-père* et persiflant les lois raciales. Cette plaisanterie pouvait lui coûter cher, mais a-t-il vraiment cru pouvoir monter semblable parodie ?

Le théâtre de l'ambigu

Dès lors, le combat entre l'occupé et l'occupant va ressembler au jeu du chat et de la souris. Le félin allemand est griffu et pervers, le rongeur Sacha rusé et téméraire. L'auréole de sa renommée mondiale va le favoriser en maintes occasions.

D'une activité fiévreuse, il multiplie les galas, les conférences, les manifestations et les expositions. L'auteur célèbre gravement le travail, le talent, l'intelligence, le courage et l'abnégation. Avec la même flamme il prônera la confiance totale au maréchal Pétain dans une France régénérée. L'État vichyssois, garant des vertus ancestrales, certes. Quant à la considération que lui témoigne le vainqueur, il la dédaigne. Non, il n'accueillera pas les comédiens allemands de passage à Paris. Oui, il refusera à la presse asservie tout article exaltant la collaboration. Non, il ne filmera pas sous l'insigne nazi de la Continental. Il lâche un peu de lest en consentant à Radio-Paris un enregistrement de *Mon père avait raison* et ne pipe mot lorsque son nouveau film débute au studio en présence d'officiers de la Wehrmacht et surtout du redoutable Dr Dietrich. Cela compense son altercation avec un gradé exerçant son racisme sur les souvenirs de Sarah Bernhardt exposés au palais de Tokyo.

Les autorités allemandes semblent fascinées par l'aura d'un homme, heureux de sa désinvolture, qui affirme la pérennité du Paris d'avant-guerre. Elles le ménagent. À la Madeleine, un parterre de militaires applaudit *Vive l'Empereur!*, comédie douce-amère plus profonde qu'elle ne le laisse supposer.

VIVE L'EMPEREUR !

REPRESENTATIONS DE M. SACHA GUITRY

au GRAND CASINO DE VICHY

les Vendredi 13 Mars 1942 (soirée)

Samedi 14 Mars (soirée)

Dimanche 15 Mars (matinée)

LE NUMERO : 50 CENTIMES — VENDREDI 7 FEVRIER 1941

LA FRANCE AU TRAVAIL

le quotidien du peuple

Dans un journal dont je tairai le nom, je fus récemment calomnié, insulté, diffamé — ni plus ni moins !

1° *Que j'avais eu « peur en juin »*. Supposition insolente qui n'est fondée sur rien ;

2° *Que j'étais juif*. Erreur machiavélique

Le 6 février 1941.

Sacha GUITRY.

Le Destin Fabuleux de Désirée Clary

Il faut écouter M. Guitry et tendre une oreille favorable aux sollicitations qu'il transmet. Parisiens huppés ou modestes, relations célèbres ou lointaines, grands noms en tout genre n'ont qu'à soupirer, de la maréchale Joffre à Paul Valéry, pour être exaucés. Les demandes s'intensifient. Guitry n'hésite pas à engager sa responsabilité et à en tirer profit pour les autres.

Scènes et répliques

Geneviève commence à s'ennuyer, trouve sans grand intérêt ses rôles sur scène ou devant la caméra. À vrai dire, la sécheresse de son jeu altère ce qu'a de plaisant son minois. Ses efforts restent vains, elle ne convainc pas la critique. Peu à peu elle déserte, s'éloigne, s'absente et réintègre tardivement le foyer conjugal. Ulcéré, le grand homme se tait. Il évite les seules scènes que Geneviève sait interpréter.

Le Destin fabuleux de Désirée Clary, film de prestige conçu et écrit rapidement pour narguer la Continental, sidère les cinéphiles, qui voient la narration s'interrompre pour le déroulement du générique, où Napoléon remplace Bonaparte et Gaby Morlay, Geneviève Guitry. Le maître a réussi son coup, sa voix ne cesse de bercer le spectateur. Audiberti en convient : « Sacha irrite mais il plaît. Il le sait, il l'a dit, il s'en souvient, il nous le rappelle. »

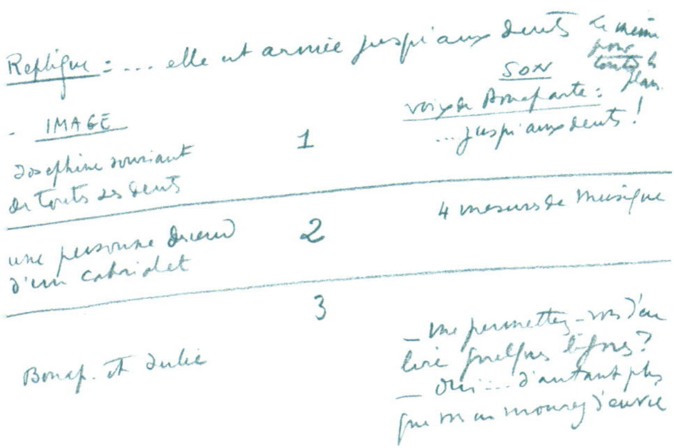
Réplique : ... elle est arrivée jusqu'aux dents
le même pour toutes les plan.
SON
voix de Bonaparte : ...jusqu'aux dents !
IMAGE
1
Joséphine souriant de toutes ses dents
2
4 mesures de musique
une personne descend d'un cabriolet
3
Bonap. et Julie
— Me permettez-vous d'en lire quelques lignes ?
— Oui... d'autant plus que vous en mourrez d'envie

Le 3 septembre 1942, *Le Destin fabuleux de Désirée Clary* sort au Marivaux malgré les observations de la censure. Le film exploite la même veine que *Les Perles de la couronne* et *Remontons les Champs-Élysées* : mise en scène pompeuse, acteurs brillants et empanachés. Napoléon Bonaparte (Jean-Louis Barrault, médaillon du haut) s'éprend de la jeune Désirée Clary (Geneviève Guitry, médaillon du bas), qu'il délaisse rapidement pour Joséphine de Beauharnais (Lise Delamare). Inconsolable, Désirée ne pardonnera jamais cet affront à Napoléon, en dépit de la protection impériale qui lui permet d'accéder avec son mari Bernadotte au trône de Suède. L'affrontement de Sacha et de Gaby Morlay (médaillon central), remplaçant pour la seconde partie du film Jean-Louis Barrault et Geneviève Guitry, est émaillé d'anecdotes, de portraits cursifs, de fantaisie délibérée, de raccourcis et de hors-d'œuvre propres à effaroucher les tenants d'un cinéma classique. En haut, manuscrit d'une scène du film qui montre le soin que Guitry apportait au découpage technique, à l'enchaînement des séquences au montage sonore et à l'intervention de la musique.

Juré au prix Goncourt, il vote pour un livre d'Henri Pourrat où souffle l'air du temps et annonce son intention de léguer à l'académie sa maison et ses collections. Touche supplémentaire à son portrait en pied. La guerre ? Comme en 1914, il veut l'ignorer. Ni les bombardements de Londres, ni la Résistance qui commence à frémir, ni la désespérance générale n'altèrent son œuvre imperturbable et toujours recommencée.

Sacha, l'imprudent ou l'inconscient ?

1942. Année bénéfique autant que téméraire. Dominée par le projet de rassembler en un somptueux volume toutes les manifestations du génie français exaltées par des écrivains notoires et présentées par l'auteur, qui s'amuse à jongler avec les dates 1429-1942. Ce sera *De Jeanne d'Arc à Philippe Pétain*, monument conçu à l'intention du Secours national. Le maréchal pressent qu'un tel titre peut devenir dangereux, voire funeste. Sacha s'en amuse. Qu'a-t-il à craindre ? Il cumule les présidences : celle du groupe des théâtres parisiens, celle de l'Association des artistes dramatiques, jamais il ne refuse sa présence aux galas de bienfaisance, toujours il intervient avec succès auprès des autorités pour grappiller des adoucissements aux infortunes, quelles qu'elles soient.

Le rideau se lève à la Madeleine le 19 mai sur *N'écoutez pas, mesdames!* qui, deux ans plus tard se jouera encore. On voit beaucoup M. Guitry, partout, trop. Goering a réussi à le rencontrer au ministère des Affaires étrangères et l'a félicité dans sa langue pour *Le Roman d'un tricheur*. Peut-être pourrait-il aussi éviter les micros de Radio-Paris, qu'il utilise pour saluer les prisonniers, ou se garder d'accompagner Maillol à l'ambassade d'Allemagne pour y congratuler Arno Breker, ou de participer au jury du prix littéraire de la Nouvelle France qui rassemble certains plumitifs déjà compromis.

Geneviève Guitry multiplie les caprices. Irritée des rôles que son époux lui réserve, elle refuse d'apparaître dans *N'écoutez pas, mesdames!* Une pétulante actrice, Mona Goya, la remplace et enchante Sacha : elle le réjouit et sa bonne humeur atténue les foucades de Geneviève, ses absences imprévues, ses impertinences suraiguës. Se souvient-on de la première réplique de la pièce : « Ne vous mariez pas ! »...

L'année se termine chez Carrère, où Sacha le Magnifique convie toute la troupe de la Madeleine, ses proches amis, ses commensaux dévoués. Le champagne coule et chacun se persuade que tout n'est pas perdu puisque le débarquement a réussi en Afrique du Nord. Le restaurateur vient de prouver que Paris reste toujours Paris : il n'encaisse pas le chèque de Guitry mais le fait encadrer comme fleuron de son établissement.

Du plus grand rôle à la plus courte intervention, chaque interprète a droit au même carton, écrit à l'identique, comme le souhaite l'auteur lui-même pour ce qui demeure son plus légendaire succès, *N'écoutez pas, mesdames!* (ci-dessus, affiche conçue par Guitry). Jouée dans un décor luxueux regroupant tableaux fétiches et meubles de la demeure du maître, la pièce sera la dernière comédie de Sacha offerte à la Madeleine. Le directeur de ce théâtre ayant en effet tourné le dos à l'écrivain lors de son incarcération à la Libération, celui-ci lui consacra un chapitre vengeur dans son recueil *Quatre ans d'occupations* : « Madeleine, tu m'as trahi. »

Les nuits parisiennes

Sacha commence à subir son âge : cinquante-huit ans. Il porte toujours beau et lustre le velours de sa voix. Geneviève n'en a que vingt-neuf. Elle va proclamer cette différence tout au long de 1943, année où son mari lui écrit le rôle de sa vie avec *Donne-moi tes yeux* : mélodrame décrivant les affres d'un sculpteur épris d'une jouvencelle avant d'être frappé d'une inexorable cécité. Œuvre surprenante par son ton intense et contenu. Elle restitue certains aspects de Paris sous la botte : du vernissage, groupant la fine fleur des artistes en vogue au Palais de Tokyo, à la lente promenade dans les ténèbres d'une ville occupée, sans oublier le coup d'œil aux cabarets à la mode. Œuvre négligée, admirablement interprétée par quelques-uns des comédiens favoris de Sacha, Marguerite Moreno, Jeanne Fusier-Gir, Marguerite Pierry, Aimé Clariond et Mila Parély. Geneviève y

Dans *Donne-moi tes yeux* (ci-dessous), Guitry glisse cette malicieuse question du sculpteur à son modèle : « Voulez-vous que je vous fasse en glaise ? »

dispense fraîcheur et bonne volonté mais préférera se débattre dans des situations relevant du répertoire Feydeau car, en dépit de ses envols de femme volage, elle est jalouse des interprètes du maître. Elle rencontre Mario Podesta, chanteur et enjôleur, et se fait surprendre avec lui en conversation galante.

Sacha se fige dans l'impassibilité, conserve son élégance proverbiale à la Nuit du cinéma, au gala de l'Union des arts. Il s'installe sur la scène de la Comédie-Française pour célébrer Courteline. Séduit par la voix de Geori Boué, il supplie la cantatrice d'incarner *La Malibran* pour un scénario dont il hâte l'écriture. Il offre même un rôle à Mario Podesta, sans toutefois oublier Mona Goya. Geneviève n'a pratiquement rien à faire dans ces tableaux romantiques où Cocteau, sous le masque de Musset, griffonne les célèbres stances.

Le tournage de *La Malibran* s'interrompt le 23 juillet 1943, Sacha étant victime d'une insolation. Il doit s'aliter alors que Geneviève, décidée à le quitter, écrit des lettres, empile des valises et vitupère. En dépit des syncopes de son mari, elle rejoint ses parents, comme dans le vieux répertoire; Sacha retrouve Mona Goya et baisse le rideau.

Un homme léger

L'arrestation de son très cher Tristan Bernard le révolte. Guitry se débat pour l'arracher à son sort, écrit au secrétaire d'État Fernand de Brinon, affronte le ministre allemand Schleier: « Juif? Pour moi, à propos de ce grand Français, juif n'a aucune signification… » À la fin d'octobre le vieil ami est relâché et en décembre, infatigable, impénétrable,

En 1943, alors qu'il signe son recueil *Des goûts et des couleurs*, illustré par Dignimont, l'euphorie des participants égale la satisfaction de l'écrivain (ci-dessous). Maurice Martin du Gard a écrit dans *Sacha Guitry, mon ami* (1941) que celui-ci « vit dix existences et ne peut se reposer dans aucune. […] Les compliments sont nécessaires à un tel homme et je trouverais tout à fait naturel qu'il ne supportât qu'eux. » On comprend le marasme qui survint lorsque s'anéantirent la gloire et ses bienfaits. Ci-contre, on reconnaît Sacha Guitry aux côtés de Fernand de Brinon,

On reconnaît de gau
nement français dans

qui présida le Gala des vedettes en février 1942.

Sacha joue le troisième acte du *Tartuffe* au profit des œuvres sociales de la Préfecture. À la fin de cette année haletante, il vend et signe des livres, donne le change malgré sa blessure d'amour-propre et persiste sur sa lancée.

1944 : année fatale où tout ayant basculé, rien ne sera plus comme avant ; année tragique, accablée de bombardements, de crimes et de forfaits, de déportations et d'exécutions, de bruit et de terreur, balayée par le souffle âpre de la liberté. Sacha trace une croix définitive sur Geneviève, qui s'est escamotée. Mona Goya joue l'intérim avec jovialité et s'installe dans l'immeuble d'en face, où réside Jacqueline Delubac. Ce qui permet à Sacha de lui faire porter des victuailles sur plateau d'argent et de provoquer ainsi convoitises et commentaires. « Tant pis pour les passants, ils n'ont qu'à passer », s'écrie-t-il.

Si Guitry s'est parfois accommodé des micros de Radio Paris, voix de la collaboration, il ne dédaigne pas davantage les émissions de la Radio nationale et vichyssoise. En octobre 1943, il participe à une série intitulée *Leurs débuts*. La photo ci-dessus le montre, aux côtés de Geneviève, prêt à dialoguer en toute innocence avec le comédien François Perier et avec André Brunot, doyen de la Comédie-Française. Il fait voix de velours en égrenant des souvenirs lointains, sans penser un instant que trop parler nuit.

On reconnaît de gauche à droite : S. Exc. M. de Brinon, ambassadeur de France, délégué général du gouvernement français dans les territoires occupés ; M. Sacha Guitry, Mme Geneviève Guitry.
M. André Baugé, président de la Fédération des Anciens Combattants du spectacle
Photo « LA FRANCE SOCIALISTE »

Mais la guerre a pris une nouvelle tournure et déjà les amis s'inquiètent pour lui, qui ne veut rien entendre. Certaines relations s'affolent, s'étonnent de son apparente tranquillité et, à l'aube de la Libération, des inconnus se font ouvrir les portes du 18 avenue Élisée-Reclus.

Le premier prévenu de la Libération

Guitry va parcourir puis relater son long chemin de croix échelonné entre le 23 août et le 25 octobre 1944. Arraché sans explication à son existence de nabab, il vit une chute douloureuse, rien ne lui étant épargné, ni au dépôt, ni au Vél d'hiv, ni à Fresnes. Sans comprendre sa déchéance, accablé de menaces et d'intimidations, en butte aux coups, aux revolvers brandis, aux mitraillettes pointées, il découvre à chaque étape la hargne, la méchanceté, la veulerie et la violence sournoise d'une rumeur publique, montée en épingle, qu'on lui jette à la figure. Parfait bouc émissaire égaré dans les troubles d'un pays humilié et torturé, on le voue à la vindicte générale dont il préserve par ricochet d'autres suspects, trop heureux de l'aubaine.

Il se tire de l'épreuve grâce à son sang-froid: « En quelque circonstance que ce soit, je ne me suis jamais départi de mon calme. » Sa politesse innée, sa fantaisie tenace lui permettent dans les pires moments de glaner des remarques cocasses, rayons de soleil sur *Soixante jours de prison*, et lui donnent la force de surmonter les avanies, les reniements et de composer avec la haine et l'abjection, conforté tantôt par des Américains friands de l'entrevoir, tantôt par des officiers de l'armée Leclerc indignés d'un tel traitement.

Car les juges ne savent comment inculper cette célébrité dont les comptes sont bloqués, les voitures réquisitionnées, les films interdits. En panne d'argent, il compte sur la bienveillance d'Albert Willemetz, l'ami fidèle, sur l'attachement de son personnel, secrétaire et domestiques, sur l'aide constante d'Henri Jadoux, son conseiller favori, tandis que le magistrat instructeur sollicite des dénonciations pour activer la

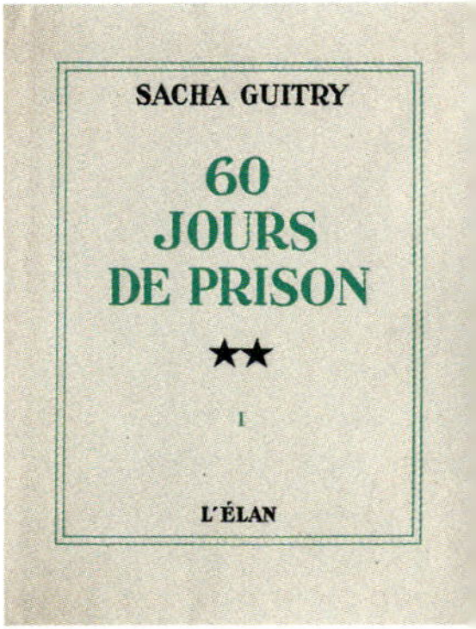

Alors que *Quatre ans d'occupations* (1947) détaille minutieusement toutes les activités théâtrales, littéraires, cinématographiques, caritatives de l'auteur qui, ayant tout noté n'oublie rien, fustige les uns, encense les autres et réfute tout ce qu'on lui reproche, *Soixante jours de prison* (1949, couverture ci-dessus; extrait du manuscrit en page de droite) garde l'allure, voire l'entrain d'un excellent reportage à l'humour grinçant, au hasard des prisons et des rencontres consécutives à l'épuration. Le constat s'achève sur ces mots: « Et c'est ainsi que l'infamie se termina. Les infamies ont commencé le lendemain. » Un troisième livre devait paraître, mais *Trois années de silence* ne fut jamais édité.

procédure. À cinq jours de sa sortie de prison, dans l'attente d'une confrontation avec ses diffamateurs (trois imbéciles et deux menteurs, comme il le dit lui-même), on le fit attendre encore une journée entière sans boire ni manger.

Une photographie prise par Henri Cartier-Bresson le 23 août 1944, lors de l'interrogatoire à la mairie du VIIe arrondissement de Paris, provoque une mise au point de Guitry : « Trois photographes viennent se placer devant nous… Quel tableau, quelle victoire, quelle mise en scène aussi… Quelle organisation ! »

MON ARRESTATION dans Paris, des bruits courent, sinistres — que, déjà, l'on procède à des arrestations —

Ayant triomphé de deux mois d'infamie, il n'a plus qu'à stigmatiser les bassesses que son retour va déclencher. La fin de l'année dont il ne se remettra jamais se déroule dans une clinique discrète où il trouve, à défaut de l'oubli, un calme relatif avant d'émerger.

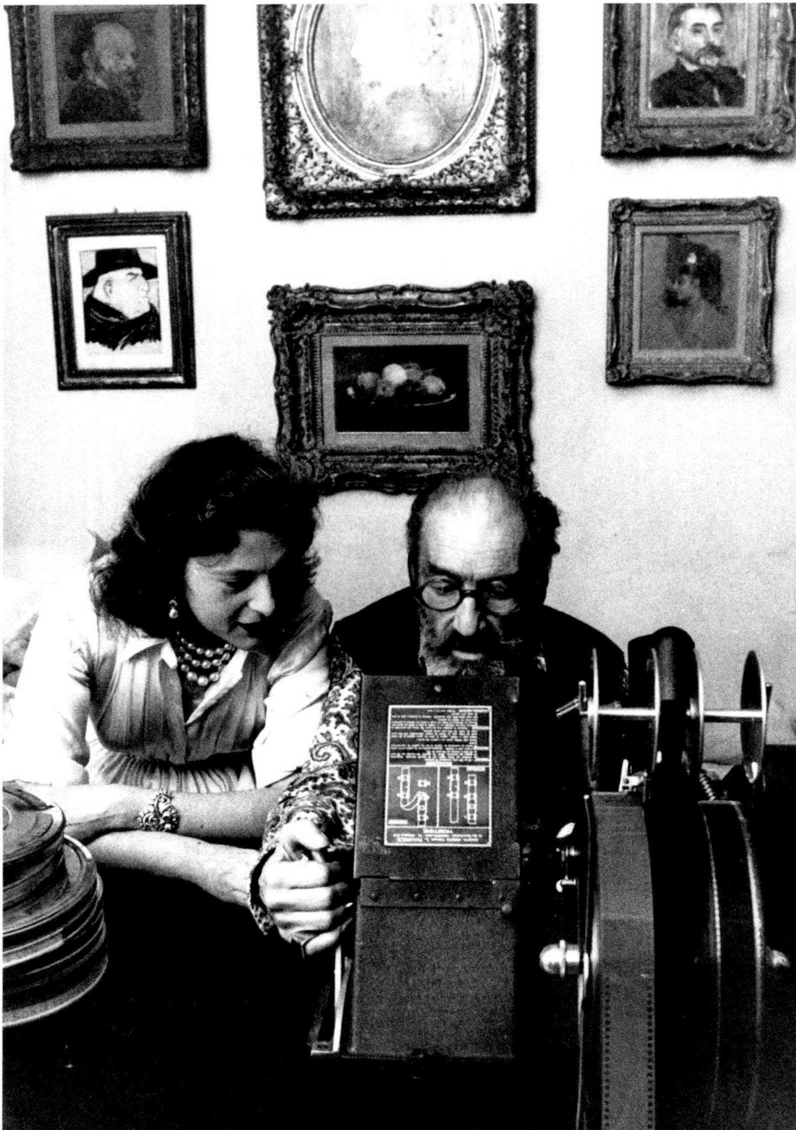

Il est des chênes que l'on prétend abattre, mais qui résistent comme des roseaux pensants. Ce second après-guerre ne ressemble certes pas au premier, qui fut pour Guitry un sentier de la gloire. Il lui faut combattre les vents contraires, remonter la pente en comptant sur sa seule et inflexible volonté de dire, de jouer, de plaire. Sa cause n'était point si mauvaise, et son talent point atteint. Il va réussir sa rentrée. Et sa sortie.

CHAPITRE 5

LE CRÉPUSCULE D'UN DIEU

Tournant le dos à ses « merveilles » qui tapissent les murs de son hôtel particulier et firent en janvier 1952 le succès d'une exposition organisée par la SACD (catalogue ci-contre), Sacha, en 1957, toujours sur la brèche, visionne les rushes du film *Les trois font la paire* (page de gauche). Lana Marconi, sa dernière épouse qui n'aime guère le cinéma, joue à s'y intéresser.

Décidé à se justifier, Sacha entame une série de conférences le 21 octobre 1947. À peine troublée, la première s'achève sous les ovations (ci-contre). La salle lui offre un parterre vibrant réunissant comédiens (Gaby Morlay), écrivains (Maurice Martin du Gard, Marcel Achard) et admirateurs. L'émotion règne et le conférencier rasséréné ignorera la critique qui ne désarme pas. Le sourire de Lana Marconi (ci-dessous, article de presse) doit effacer les désillusions, mais l'amertume va persister.

SALLE PLEYEL DU 20 AU 27 OCTOBRE
JULES BORKON ANNONCE
SACHA GUITRY
« CHOSES ENTENDUES ET CHOSES VUES »
LOCATION OUVERTE

Dorénavant la rancœur va travailler Guitry et déterminer trois objectifs : reconquérir son empire dévasté, prouver sa sincérité constante et son amour de la France, confondre ceux qui viennent de renier l'amitié. La lutte sera dure. La presse hostile, la critique hargneuse, l'opinion manipulée épient et contrôlent ses moindres réactions. Poussé par son goût de la provocation et son besoin de vivre à deux, il recherche avant toutes choses une femme grande et belle, élégante et racée, qu'il pourra façonner et qu'on lui enviera. Lana Marconi va supplanter Mona Goya. Diverses rencontres permettent à la marmoréenne élue d'entrer avenue Élisée-Reclus, de s'y installer, d'apprendre à jouer la comédie – ce qu'elle n'aime guère – et de régner sur une maison lourdement endettée mais toujours soumise au train de vie qu'affectionne l'auteur-acteur.

Affaire (mal) classée

Le 7 mai 1945, l'affaire Sacha Guitry est définitivement classée. Mais l'intéressé souhaite néanmoins trouver des témoins à décharge pour prouver la pureté de son jeu avec les Allemands. Si certains résistants se présentent, les amitiés se délitent. L'annonce d'un voyage aux États-Unis

LA RENTRÉE DE SACHA GUITRY

(A.F.P.)

Mis à l'index pour son attitude pendant l'occupation, Sacha Guitry a fait sa rentrée au cours d'une série de conférences à la salle Pleyel à Paris. L'auteur-acteur, avec la « n° » Madame Guitry, Mlle Lana Marconi.

déclenche d'aigres récriminations contre « l'ami des nazis » rêvant d'un visa. Impassible en apparence, Guitry se plonge dans les justificatifs avec ses *Quatre ans d'occupations*, termine un recueil de pensées, *Toutes réflexions faites*, et présente aux censeurs le scénario d'un film consacré à Talleyrand, homme politique illuminant de sa lucidité le destin de la France au fil de ses souverains. Tollé ! Interdiction de filmer pareille chose. Mais la censure ne s'exerce pas au théâtre et Guitry transforme son scénario en comédie historique : *Le Diable boiteux*.

À l'occasion de la sortie de son bilan sur les années noires, il affronte le public de la salle Pleyel. L'accueil chaleureux le console de la malveillance ironique de la presse, d'un article coup de poing d'Henri Jeanson et de l'attaque venimeuse de Pierre Brisson, directeur du *Figaro*.

Les nuages semblent se disperser. Au début de 1948, dix rappels saluent la première du *Diable boiteux* au Théâtre Édouard–VII. La critique persiste dans l'acharnement mais, stimulé par ce succès, l'auteur communique à ses productions un mouvement fébrile qui comble le temps perdu.

Interrogé sur une future Mme Guitry, Sacha précise : « Je veux qu'elle soit grande et qu'elle soit jolie des pieds à la tête et les deux mains comprises. Je la veux élégante, racée et je ne désire pas qu'elle soit une actrice – pour qu'elle le devienne peut-être un jour. » L'esquisse va prendre corps et Sacha lui murmure : « Vous avez les plus belles mains du monde. » Elles fermeront les yeux de celui qui « tenait les trésors de la bonne humeur française en équilibre sur son nez » (Jean Cocteau).

Avant de filmer *Le Diable boiteux*, enfin autorisé, Guitry rend hommage à son père en adaptant au cinéma *Le Comédien*, d'après la pièce créée en 1921. *Aux deux colombes*, jouée aux Variétés en 1949, est aussitôt filmée, tout comme *Florence*, qui prend pour titre *Toâ* à l'écran. Le seul scénario original de cette période, *Le Trésor de Cantenac*, accuse un fléchissement dans l'anecdote et un parti pris réactionnaire, sevré de toute fantaisie et souvent maladroit.

Les rayons et les ombres

La nouvelle existence de Sacha, réchauffée par la présence d'amis sûrs et l'appui de jeunes laudateurs, est encombrée d'épisodes judiciaires montés en épingle par les chroniqueurs : divorce à grand fracas de Geneviève, âpre et intraitable ; procès intenté par Hélène Perdrière, qui partagea le succès de *N'écoutez pas mesdames !*, en raison d'un chapitre qui l'étrille dans *Quatre ans d'occupations*. Quant aux académiciens Goncourt, après avoir mis au ban Guitry et son confrère René Benjamin, ils s'indignent du prix incongru décerné par ces derniers à un livre de Kléber Haedens alors que le jury officiel récompense Jean-Louis Curtis. Robert Laffont, l'éditeur d'Haedens, saisit l'occasion pour faire un coup publicitaire et les Goncourt engagent alors une action en justice. Guitry et Robert Laffont sont condamnés à des dommages et intérêts en mars 1948. Peu après, et sans regret, l'ancien roi de Paris démissionne de l'académie.

Plus graves, plus humiliants, plus inquiétants aussi car ils témoignent d'une hostilité persistante, les incidents lyonnais du 25 mai 1948. Invité pour présenter un film et assurer une conférence à Charbonnières, le maître se fait intercepter avec sa compagne par des journalistes agissant au nom d'un mouvement de Libération nationale. Obligé de s'incliner place Bellecour devant *Le Veilleur de pierre*, symbole de la barbarie nazie, Sacha que l'on accuse d'insulter la capitale de la Résistance, surmonte son désarroi, affiche sa dignité et se refuse à porter plainte.

Guitry, fort de ses actes de naissance et de baptême délivrés à Saint-Pétersbourg, sollicite du métropolite orthodoxe de Thyatron, Monseigneur Germanos, la dissolution de son précédent mariage catholique. A-t-il évoqué un instant le cortège de celles qui avaient partagé son existence ? Son penchant avoué pour l'esbroufe se satisfait à Paris, en l'église orthodoxe Saint-Étienne où il épouse cette dame un peu mystérieuse, née en Roumanie en 1917 d'une mère actrice, et qui ne consent pas à révéler si elle descend de Marconi, le savant italien, ou si elle se considère comme étant la fille naturelle du roi Carol II de Roumanie, dont sa mère fut la maîtresse. L'ambiguïté sied à Lana, statue fermée sur ses secrets.

Sa démangeaison de se retremper dans son ambiance habituelle pousse Guitry à célébrer à la fois son père et M. de Talleyrand. Lucien Guitry n'avait-il pas campé jadis, dans *Béranger*, le fascinant personnage du prince de Bénévent, n'avait-il pas participé avec *Le Comédien* à une apologie de l'acteur ? Le fils se contente de modifier sa propre comédie (affiche ci-dessous) en l'enjolivant de repères biographiques relatifs à Lucien. Méconnaissable en « Diable boiteux » (ci-contre), impassible, poudré à frimas, il grave un politicien subtil et retors.

Lana aux belles mains

Pour conjurer les temps difficiles, il épouse Lana Marconi le 25 novembre 1949 avec tout le cérémonial du rite orthodoxe. Femme impavide et dévouée, celle-ci se montre dans les épreuves épouse attentive aux tourments lancinants qui vont délabrer le lion devenu vieux. L'homme, dont la santé se dégrade progressivement, prétend n'en avoir cure. Il est le contraire d'un hypocondriaque, n'écoute ni ses douleurs ni ses médecins, sans même parler de ses amis. Dans sa nouvelle union, Guitry puise une sorte d'apaisement. Et puis, il pressent bien qu'il lui faut se hâter.

Tu m'as sauvé la vie

La pièce (ci-dessus) et, dans la foulée, le film, *Tu m'as sauvé la vie*, réunissent Fernandel, Lana Marconi et Sacha. Mais aussi Jeanne Fusier-Gir et Pauline Carton, complices aussi interchangeables que fines comédiennes, à qui Sacha se plut à rendre toujours hommage.

Événement de la saison 1949-1950 aux Variétés – quarante représentations dont il partage la vedette avec Fernandel –, *Tu m'as sauvé la vie* est suivie du tournage du film homonyme, tourné en cinq jours ! Un jeu de scène mémorable dans cette œuvre moyenne voit un malheureux, Fernandel, arrêter le cheval d'une carriole sur le point de renverser un riche baron. Et ce dernier de lancer à la vue de son sauveur : « J'avais bien vu deux chevaux… » C'est ce même Fernandel, flanqué du premier assistant préféré du maître, François Gir, fils de Jeanne Fusier-Gir, qui réalise en 1951 *Adhémar ou le jouet de la fatalité*. Délégation de pouvoir que n'a pu éviter un Guitry gravement diminué par la maladie, et qu'il regrettera.

« Ah ! docteur, j'ai failli vous perdre ! » avait-il lancé au professeur de Gaudard d'Allaines qui l'opéra à la fin du tournage de *Deburau*, au mois de janvier 1951. À peine rétabli, le revoici sur scène pour jouer cent cinquante fois *Une folie* aux côtés de Lana Marconi et de l'excellent Jacques Morel, pour reprendre en 1952 *N'écoutez pas, mesdames !*, et pour créer sans succès *Palsambleu* en 1953, sombre variation sur la transmission de l'héritage, un sujet qui hante ce mari sans enfant qui n'a plus les moyens d'entretenir sa maison-musée du Champ-de-Mars. Sacha le flamboyant se voit contraint d'accepter une nouvelle « Guitry Season » au moment des fêtes du couronnement d'Élisabeth II. Après *Écoutez bien, messieurs* au Winter Garden Theatre à Londres, en juin 1953, le rideau s'abaisse pour la dernière fois devant lui le 13 décembre de la même année à Bruxelles, où, le corps moulu, il joue cependant *Deburau* au Théâtre royal du Parc.

Il demeure toujours actif à la radio. De tout temps attentif aux nouveaux moyens de communication, il participe à la fameuse émission télévisée de Jean Nohain, *36 chandelles*, en 1955. Et comme il ne saurait exister d'événement mondain sans la présence de Sacha, il assiste au mariage de Rainier de Monaco et de Grace Kelly, en avril 1956, pour lequel il compose et récite un impromptu ! Au cours de l'ultime printemps suivant, il éprouvera même le pressentiment que son œuvre peut lui survivre quand Danielle Darrieux, Robert Lamoureux et Louis de Funès sont ovationnés pour leur interprétation aux Variétés de *Faisons un rêve*, pièce créée quarante et un ans plus tôt.

Les documents de ces années-là le montrent à peu près méconnaissable. Vêtu d'une houppelande et d'un bonnet, il a des allures d'André Gide. Mais l'esprit vif est intact. Le cinéma le fait alors reconnaître pour ce qu'il est, l'un des grands novateurs du septième art. Il appartient à cette catégorie de cinéastes dont l'âge ne diminue en rien l'inspiration : certains de ses meilleurs films et des plus loués, il les mettra en scène à près de soixante-dix ans.

Si le dramaturge anglais Noël Coward connut la célébrité en France, son alter ego français Sacha Guitry ne réussit pas moins bien en Grande-Bretagne. Le *Daily Mail* de Londres lui consacre un entretien admiratif dans son édition du 25 mai 1953 (ci-dessous).
– Vous, M. Guitry, qui avez la réputation de comprendre les femmes, que pensez-vous vraiment d'elles ?
– Je les adore, mais je ne les aime pas beaucoup.

SACHA GUITRY

France's fabulous playwright and actor, comes to London next week to present a show and appear in television. Here the five-times married, 68-year-old star talks to the Daily Mail's Gordon Young, and tells him

What Women Mean to Me

THE SCENE: M. Guitry's elegant house in the shadow of the Eiffel Tower. The study is crammed with priceless paintings, books, and souvenirs of the great. The maestro, in a yellow brocade dressing-gown and white silk scarf, is seated on a Louis Quatorze sofa.

YOUNG : M. Guitry, you have seen a lot in your time. What advice would you give to young people who want to be happy ?

GUITRY : To be careful in the choice of a career and the choice of a wife.

YOUNG : And to choose a wife ?

GUITRY : Never confuse love with a desire for loving. The worst unhappiness comes from that. A man goes out of his house. A young woman passes and she looks attractive, he tells her so, and, voila ! he has soon

ENFIN
POSÉES AU SOL
SIX GRANDES BOITES DE MAROQUIN ROUGE
QUI CONTIENNENT
LES 2.600 PAGES MANUSCRITES
DE
L'EDUCATION SENTIMENTALE
DE GUSTAVE FLAUBERT

L'hôtel particulier de l'avenue Élisée-Reclus avait été construit pour Lucien Guitry, qui l'occupait depuis 1910. À la mort de son père, en 1925, Sacha s'y installa et l'aménagea en un véritable musée personnel dédié à la littérature et aux beaux-arts, et dont l'ordonnancement somptueux stupéfia tous ses visiteurs. En 1952, un film documentaire fut même tourné sur la demeure, peu avant que son propriétaire n'en organisât la visite au profit des œuvres de la Société des auteurs et compositeurs dramatiques. Le cabinet de travail (page de gauche) réunit surtout des portraits, par Manet, Toulouse-Lautrec, Modigliani, Rouault, Cézanne, Renoir, Goya, Rembrandt, des sculptures de Daumier et Rodin. Sur le mur opposé de cette même pièce (en haut), on aperçoit au-dessus des bibliothèques des peintures chinoises du XVIIIe siècle, un portrait de Lucien Guitry dans *Tartuffe* par Van Dongen. L'escalier (ci-contre) n'est pas en reste. Partout, « des choses rares ou choses belles ici savamment assemblées » (Valéry).

Grands films

Deux trilogies en six ans. Renouant avec le style du *Roman d'un tricheur*, le voici qui pratique une très jubilatoire inversion des valeurs bourgeoises en un « nouveau testament » étourdissant de brio et d'humour noir. Tourné en onze jours, car Michel Simon déteste qu'on recommence les prises, *La Poison* (1951), s'ouvre sur un générique parlé et mis en scène, qui constitue à lui seul une création irrésistible. Ce chef-d'œuvre passé inaperçu illustre le sain principe selon lequel l'assassinat peut s'apparenter à l'un des beaux-arts, à condition de le préparer avec le soin qu'il mérite. Ainsi voit-on un meurtrier potentiel consulter un avocat avant que de se débarrasser d'une épouse par trop acariâtre. Michel Simon, grandiose, rappelle même Lucien à Sacha, c'est là la plus éloquente comparaison.

Dans *La Vie d'un honnête homme* (1952), Guitry offre au même Simon un double rôle, deux frères jumeaux que tout oppose et dont l'un se substitue à l'autre pour inventorier avec une noire amertume les abîmes d'hypocrisie liés aux « valeurs » bourgeoises. Apologie du cynisme ? C'est tout le contraire. Guitry est un moraliste qui a vécu la trahison, en particulier à la Libération, si proche encore. On peut au reste, à lire ses écrits du temps, s'étonner qu'il n'ait pas compris

« *La Poison* fut un énorme succès artistique et commercial. On avait prévu pour ce film trois semaines de travail. [...] Au bout de dix jours, c'était terminé. Ce fut pour moi les dix plus beaux jours de ma vie au studio, c'était extraordinaire ! Sacha [...] était la bonté même, la générosité même. [...] J'aimais tendrement Sacha. »

Michel Simon,
Les Cahiers du cinéma,
décembre 1965

à quel point son comportement d'alors avait pu blesser, provoquer. La complainte qui clôt le film, chantée par Mouloudji, résonne comme un aveu puissamment autobiographique : « Mais bien qu'on soit son pire ennemi, dégoûté de soi et de son lot, on ne peut pas passer sa vie à s'foutre à l'eau. »

Assassins et Voleurs (1956) reprend en partie la trame d'*Un roman d'amour et d'aventures* que Guitry et Yvonne Printemps avaient tourné quarante ans plus tôt : un vaudeville criminel extrêmement enlevé qui vaut à son auteur les approbations inattendues des représentants de la future Nouvelle Vague, André Bazin et François Truffaut. Ses interprètes, Jean Poiret et Michel Serrault, encore débutants et formés à l'école des cabarets de la Rive gauche, emportent la comédie de leur faconde. Sacha Guitry, cinéaste classique ?

Retour aussi à la machine historique interprétée au gré de la fantaisie de Sacha. Parfait Louis XIV de *Si Versailles m'était conté* (1953), il y invite ce que le cinéma français compte alors de plus glorieux – Aumont, Barrault, Bourvil, Gabin, Gélin, Gravey, Marais, Marchal, Philipe, Morlay, Vanel, sans oublier Bardot, Delorme, Rossi, Piaf, Presle ni l'Américain Orson Welles. Pour *Napoléon* (1954), invalide, il ordonne les prises de vues en extérieur par radio.

Se produisant alors en duo dans les cabarets parisiens, Jean Poiret et Michel Serrault sont repérés par Guitry, qui apprécie leurs sketchs du plus haut comique et leur offre les premiers rôles d'*Assassins et Voleurs* (ci-dessus, affiche et photo du film).

La Vie est belle – et tout va bien !
Tous les espoirs me sont permis !
Car "Versailles" se fait
se réalise enfin !

Tourné au cours de l'été de 1953, *Si Versailles m'était conté* ne brille pas que par sa distribution, parmi laquelle Lana Marconi se voit offrir le rôle de Marie-Antoinette (ci-contre, au centre). Comme de coutume, Sacha y déploie son goût de la petite histoire, son sens tout théâtral de la séquence frappante. Il y a de l'Alexandre Dumas dans ces appropriations sans vergogne de l'histoire de France, dont le maître aime à se faire le héros/héraut. Il est ici Louis XIV (page de gauche), en toute simplicité, et non sans esprit, lançant à un courtisan qui griffonne sur un carnet : « Ce que vous pouvez être agaçant à toujours prendre des notes, Saint-Simon ! » Produit par Clément Duhour, un ancien champion du lancer du poids par ailleurs compagnon de Viviane Romance, *Si Versailles m'était compté* bénéficia du soutien des pouvoirs publics, désireux de faire financer la restauration du château. Le film est fort mal accueilli par la critique de tout bord, qui blâme précisément ce qu'avait délibérément voulu Guitry, une « reconstitution » personnelle sans prétention à l'exactitude historique. Malentendu radical qui ne découragea cependant guère les spectateurs.

On a été injuste avec *Napoléon*. D'abord parce que Daniel Gélin (Bonaparte, page de gauche, en bas, face à Sacha Guitry dans le rôle de Talleyrand) et Raymond Pellegrin (Napoléon, page de gauche, en haut, dans la scène du sacre) y sont fort crédibles, ce qui est loin d'avoir été le cas des innombrables autres interprètes du rôle. Ensuite parce que la liste des comédiens réunis par Guitry associe en un extraordinaire patchwork des étrangers (Orson Welles, Howard Vernon, Eleanora Rossi Drago, Maria Schell) et des Français parfaitement dissemblables, de Lucien Baroux à Jean Paqui, de Patachou à Luis Mariano, d'Yves Montand à Jean Gabin. Enfin parce que le film est constamment distrayant, et souvent vraisemblable. Certes, les séquences de bataille frisent l'indigence et le manque de moyens accable les moments de pompe attendue, la scène du couronnement par exemple. Curieuse impression d'une superproduction fauchée.

Guitry y reprend son emploi du *Diable boiteux*, celui de Talleyrand, entouré cette fois de MM. Aumont, Brasseur, Gabin, Gélin, Mariano, Montand, Pellegrin, von Stroheim, Vidal, de Mmes Darrieux, Morgan, Robin, Schell, les deux distributions se trouvant mêlées dans *Si Paris nous était conté* (1955).
Les historiens orthodoxes vitupèrent, le public adore. « Des inexactitudes dans *Napoléon* ? Je ne me soucie pas de ça, répond l'auteur. Ce qui m'inquiète, c'est que le deux cent vingtième hussard autrichien du seizième rang a des boutons d'uniforme sur lesquels on lit : "SNCF". »

Si Paris nous était conté... ! À Paris, dans chaque faubourg, se sont déroulés des faits héroïques. Voici des rois bien sûr, Louis XI, François Ier, Henri IV, des poètes, des baladins et des artisans, des médecins et des curés, des comédiens-français et des divettes dont on reparle, ou pas.

Fin ? Ça, jamais.

Et si sa santé l'avait permis, Guitry aurait mis en chantier *Si Monte-Carlo vous était conté* : il avait toujours apprécié les charmes cossus de la principauté, où se situent plusieurs de ses œuvres, à commencer par *Florestan Ier, prince de Monaco*, comédie à couplets d'Albert Willemetz, composée en 1933, dont le refrain fut repris par la France entière :

« Amusez-vous !
Faites les fous
La vie passera comme un rêve
Amusez-vous !
Foutez-vous d'tout !
La vie est si courte après tout. »

« Comment allez-vous ? » l'interrogent des amis qui le croisent circulant en voiture d'infirme. « Vous voyez, comme sur des roulettes ! »

Chacun de ses films donne lieu à une présentation de gala à l'Opéra, le plus souvent en présence du président de la République. Sacha se trouve en quelque sorte réhabilité, lui qui s'est réconcilié avec son vieil ami Albert Willemetz qui, sous l'Occupation, s'était efforcé sans grand succès de

« Quand il m'a engagé pour jouer François Ier, je lui ai proposé de me faire la tête du personnage, notamment avec un faux nez.
– Non, non, je veux qu'il soit comme vous, tel que vous êtes.
Dans ses films où il avait rassemblé tant d'interprètes connus, il avait envie qu'ils restent eux-mêmes. »
Jean Marais, *in* Jacques Lorcey, *Sacha Guitry et son monde*

prévenir Sacha contre ses fréquentations fâcheuses, en particulier celle d'Otto Abetz, ambassadeur du Reich à Paris… « Je te revois, mais ne me reparle jamais du passé. » Paul Léautaud disparaît au début de 1956, Charlotte Lysès en avril : Sacha prend à sa charge les frais des deux cérémonies.

Le 24 juillet 1957, Sacha Guitry s'efface. Gageons que sa dernière pensée aura été pour Lucien. Le père et le fils reposent côte à côte au cimetière Montmartre.

À sa mort, Guitry fait la une de *Paris-Match* (ci-dessous, portrait reproduit en couverture du numéro du 3 août 1957). Accablé de maux, abruti par les drogues, ravagé d'inquiétude pour son épouse qu'il redoute de laisser sans le sou, il n'aura pas connu une fin de vie paisible. Sa gloire renaissante n'en fait pas moins l'un des Français alors les plus connus au monde. Et son œuvre lui a survécu. De sa génération, Sacha Guitry demeure à peu près le seul dramaturge encore joué, et ses films, longtemps sous-estimés, ont enchanté de nouveaux publics grâce à la vidéocassette et au DVD. Il n'est pas abusif de considérer Guitry comme un classique : le lui aurait-on prédit qu'il en aurait bien ri, tout en n'en détestant pas l'idée.

C'est le Sacha insouciant des années de jeunesse qu'a merveilleusement saisi Lartigue à la page suivante. Il est en l'air, entre ciel et terre, en noir et blanc. Sacha Guitry ne touchait pas le sol.

TÉMOIGNAGES ET DOCUMENTS

Lucien Guitry

Qui mieux que le fils/double aurait pu raconter le père ? Sacha s'empare du sujet dès la mort de Lucien mais ne publie pas immédiatement son texte : « J'ai composé ce livre à la mémoire vénérée de mon père pour que les comédiens présents et futurs sachent ce qu'ont été la carrière et la vie du plus grand, du plus complet, du plus total acteur qui sans doute ait jamais existé. »

Sa carrière

6 novembre 1895. – Amants [pièce de Maurice Donnay] est une date dans la carrière de Lucien Guitry, l'une des dates les plus importantes. Et c'est une date aussi de l'Histoire du Théâtre.

Certes, la pièce est ravissante, et l'on peut considérer que c'est un chef-d'œuvre, mais, pour ceux qui assistèrent à sa création, *Amants*, c'est Lucien Guitry dans Georges Vétheuil et Jeanne Granier dans Claudine Rozay.

Ce fut un enchantement – et, le 6 novembre 1895, un personnage nouveau faisait son entrée sur la scène et dans le théâtre contemporain.

Lucien Guitry venait, en effet, de donner son nom à un emploi – et l'on disait alors : jouer les Guitry.

Il devait en créer deux autres par la suite. Et c'est, je pense, un cas sans précédent.

Le Guitry première manière, celui d'*Amants*, est l'homme jeune encore qui sourit de tout, de tous et de lui-même, qui sait dire qu'il aime sans mettre à terre le genou, sans poser la main sur son cœur, qui peut souffrir assurément vers onze heures dix, pendant vingt ou vingt-cinq minutes – juste assez pour nous émouvoir et nous annoncer le Guitry, deuxième manière, qui nous bouleversera.

Le Guitry première manière, c'est, en somme, un « grand premier rôle » qui a le cœur d'un « jeune premier » et l'esprit d'un « raisonneur », car c'est lui qui aura noué la situation, qui aura aimé, se fera aimer – et, un peu avant minuit, c'est lui qui arrangera tout, selon la volonté de l'auteur – ou bien son manque de volonté.

Ce Guitry-là [...] s'efface tout à coup devant un homme de quarante-cinq à cinquante ans, puissant, ambitieux, déterminé, véritable force de la nature, qui va droit au but qu'il se propose d'atteindre, qui prend les gens à la gorge, qui ruine celui-ci, enrichit celle-là, dénoue les situations à coups de poing et à coups de gueule, qui n'a pas peur des mots – bien au contraire ! –, qui fait trembler le monde et, colosse qui semblait invulnérable, peut soudain devenir, entre les mains de la femme qu'il aime, un jouet lamentable : nous sommes en 1905, à la première de *La Griffe* [pièce de Henry Bernstein]. [...]

Le troisième, le dernier, c'est le Guitry de *Pasteur* – celui que M. Bergeret faisait prévoir, qu'on avait deviné dans *Crainquebille* [pièce d'Anatole France, 1903], qu'on allait voir dans *Un sujet de roman*, qu'on aperçut dans Talleyrand – et qu'on retrouve enfin dans *L'École des femmes* et dans *Le Misanthrope*. [...]

L'homme

Paragraphe essentiel (ci-dessous), d'un laconisme tout classique. Il y a du Bossuet, de La Bruyère dans cette oraison.

Il fut heureux dans son jeune âge, il aima, fut aimé, connut la gloire et s'en moqua, craignit la popularité, apprécia la vie, observa ses amis, adora son métier, lui consacra son existence, m'aima passionnément de 1918 à 1925, ne se consola pas de la perte de mon frère Jean – et mourut triste.

L'acteur

Quelques mots à bâtons rompus pour suivre son conseil, car il a écrit ceci :

On ne peut parler de théâtre que comme on parle d'amour, à bâtons rompus.

Il possédait toutes les vertus du comédien dramatique. Il était grand, il était beau, sa voix était généreuse, et rien ne rompait l'harmonie de toute sa personne physique.

Mais ce qui surpassait tous ses dons précieux, c'était son regard, ce merveilleux regard qui ne trahissait jamais sa pensée, qui n'en disait ni trop, ni trop peu, et qui lui permettait d'exprimer avec une telle clarté, une telle précision, les sentiments qu'il feignait d'éprouver. Oui, avec tellement de clarté qu'il n'eut jamais recours à ces froncements de sourcils, crispations de bouche, dilatations de narines et autres grimaces dont la plupart des comédiens font encore un abusif emploi.

Il parlait souvent du magnétisme au théâtre. Il pouvait en parler. Dès son entrée en scène, il s'établissait entre le public et lui un invisible lien, une évidente communication dont son regard faisait les frais et que la chute du rideau ne parvenait pas toujours à rompre. [...]

Il prenait volontiers des « temps ». C'est-à-dire qu'il restait sans parler pendant de longues secondes. Mais ces secondes-là, comme il les occupait ! Et quelle signification, quel sens elles avaient !

Ce n'était pas la moindre beauté de son jeu. Et c'était à ces moments-là que son regard faisait merveille.

Face au public, immobile, impassible, il parvenait à fixer dans le vide sombre de la salle un point qui semblait se trouver à six mètres de lui, et, sans que tressaillît un muscle de sa face, il indiquait infailliblement le sentiment qui l'agitait, le trouble de son âme et la détermination qu'il venait de prendre.

Quelqu'un le félicitait un jour sur ces « temps » qui étaient fameux – et lui disait :

– Comment se fait-il que vos silences soient parfois plus éloquents que le texte ?

Et mon père, en souriant, lui répondit :

– Parce que les silences sont de moi.

Son esprit

Un soir, dans sa loge, un vieil homme du monde vient lui serrer la main et l'invite à dîner pour le mardi suivant.

– Entendu, dit mon père, avec joie.

Le visiteur s'éloigne, la portière retombe et Lucien Guitry, se croyant seul, dit à son habilleur :

– Vous me ferez penser à écrire à ce vieux c... que je ne dînerai pas chez lui mardi prochain...

À peine a-t-il prononcé ces mots, qu'il voit dans la glace le vieil homme du monde qui était venu reprendre sa canne oubliée. Alors, sans se retourner et sans perdre une seconde, il a continué sa phrase de la façon suivante :

– ... et que, à la place, je dînerai chez mon vieil ami qui vient de m'inviter !

On cite souvent ce trait de présence d'esprit. Il me semble qu'on a raison.

Sacha Guitry, *Lucien Guitry raconté par son fils*, Raoul Solar, 1930

Guitry par lui-même

On pouvait tout dire de Sacha Guitry, et on a tout dit de lui. Difficile cependant de lui contester l'intelligence et le goût du travail. Comme beaucoup, il ne s'aimait guère, tout en adorant par pudeur donner le sentiment inverse. Esprit de contradiction : ô combien, et avec quelle jubilation !

Je jouis d'une prestance physique qui porte sur les nerfs à la plupart des gens – mais qui me rend bien des services, d'autre part.

Ma démarche, mes gestes, et, plus encore, ma voix contribuent à me faire aimer par les uns et à me faire détester par les autres. Car je suis détesté par beaucoup de personnes – et je m'en rends bien compte.

Si j'en parle aujourd'hui fort délibérément, c'est bien pour la raison que je n'en souffre plus.

Mais que j'en ai souffert !

Je l'avoue à ma honte.

Et j'en reparlerai.

Contrairement à ce qu'on pourrait croire, je n'ai jamais été satisfait de mon physique. Je le trouve excessif. Et je n'ai que faire de ma force qui est herculéenne – et qui ne m'a jamais servi à rien.

Je me demande pourquoi j'ai des biceps de lutteur !

À vingt ans, je me trouvais trop gros, mais je ne faisais rien pour maigrir. Plus tard, je me suis trouvé quelconque, et j'ai toujours évité de me regarder dans les glaces – hormis pour me maquiller, bien entendu – et là, précisément, bien heureux de pouvoir me corriger un peu.

D'ailleurs, en vérité, je n'aime pas qu'on me regarde – alors que j'ai passé toute ma vie à me montrer ! [...]

Les photographies qu'on a faites de moi en témoignent d'ailleurs. Je pose sans plaisir, en ne sachant jamais quelle contenance prendre.

Cela tient à ce que les traits de mon visage m'ont été imposés et qu'ils se trouvent en désaccord avec mon caractère, mes sentiments et mes pensées, toutes choses qui, elles, me sont propres.

Je serais différent si j'avais pu me faire comme, moralement, je me suis fait.

Et toute lutte est vaine à cet égard, d'ailleurs. Je suis l'esclave d'un physique prépondérant – et, de même que, « à la scène », il me serait impossible de feindre avec succès l'humilité ou la réserve, j'ai dû dès longtemps renoncer à passer pour simple « à la ville ».

Quand je me suis vu à l'écran, j'ai tout de suite compris pourquoi j'étais antipathique à tant de gens.

J'ai je ne sais quoi de péremptoire et je dirai même d'infaillible propre à me rendre assez odieux. Mes traits sont empâtés, mon regard est imprécis, je n'ai rien qui soit apparemment spirituel – et, à n'en pas douter, j'étais fait pour jouer les grands premiers rôles de drame. Je ne dis pas pour les jouer bien – mais pour les jouer, certainement.

Je l'ai fait quelquefois, jamais avec plaisir – hanté par la pensée que j'imitais mon père.[...]

Mais – abordons le caractère.

Aux yeux des gens, mes deux plus grands défauts sont l'égoïsme et la vanité.

Suis-je égoïste ?

Oui, comme tout le monde – mais pas plus. Peut-être moins que beaucoup d'autres – mais cela doit se voir davantage chez un homme de mon espèce : un homme heureux.

On trouve naturel qu'un homme malheureux ne s'occupe que de soi – tandis qu'un homme heureux passera pour un monstre s'il ne s'occupe pas exclusivement des autres – les gens restant d'ailleurs convaincus qu'il n'est heureux que parce qu'il s'occupe exclusivement de lui.[…]

Car je suis de ces hommes à qui l'on ne pardonne rien.

On ne me pardonne même pas les malheurs qui me sont arrivés – car on est convaincu qu'aucun n'a pu m'atteindre, et qu'il n'y en a pas dont je n'aie tiré quelque profit – ce qui est vrai, d'ailleurs.

Mes maladies, mes fours, mes infortunes conjugales, les calomnies dont je suis abreuvé depuis trente ans, tout cela m'est reproché comme autant d'avantages du fait que mon travail ne s'en ressent jamais. […]

Suis-je vaniteux ?

Moi, je prétends que non, car je me connais bien.

Aucune de mes pièces ne me satisfait complètement – et quant à la situation que j'occupe, n'ayant rien fait jamais pour y parvenir, elle me surprend bien plus qu'elle ne comble mes vœux.[…]

Or donc, vaniteux, non – mais épateur, ça je l'avoue.

Épateur parce qu'au fond très épaté d'en être arrivé là.

Très épaté pour la raison que cette heureuse issue était imprévisible.

Mon incoercible paresse, en effet, et mon ignorance quasi totale ne me désignaient guère à tant de professions toutes plus absorbantes, et plus ardues d'ailleurs les unes que les autres – mais d'autre part, il m'avait plu de considérer comme autant de défis les avertissements qui m'avaient été prodigués dès ma prime jeunesse.

À ceux qui m'avaient dit : « Tu verras ! » – j'avais répondu : « Nous verrons ! »

Je n'avais pas de but, mais je faisais un rêve.

Et pour tout dire, en vérité, je ne rêvais que d'épater l'adorable auteur de mes jours. […]

Non, non, ni vaniteux – ni, d'ailleurs, égoïste.

Turbulent, touche-à-tout, d'une impatience folle et dévorant la vie – du reste convaincu que rien n'est impossible – et parfois, j'en conviens, me croyant tout permis – sans volonté suivie, sans ambition réelle et pas persévérant – opposant une force d'inertie déplorable aux choses qui m'ennuient – mais faisant toujours passer le bonheur des autres avant le mien – me sacrifiant sans le savoir, ou bien alors pour mon plaisir – négligeant ma santé jusqu'à la compromettre – prodigue, je m'en flatte, mais incapable de faire un pas par intérêt – et travaillant quinze heures par jour, comme si ce n'était pas permis – tel est l'homme que j'étais – et que je suis peut-être encore. […]

Les réflexions qui suivent, notées au jour le jour au cours de cette année, achèveront de me dépeindre – et me feront mieux connaître encore.

Je n'ai qu'une passion : le travail.

Je n'ai qu'un seul bonheur : aimer.

Et je n'ai qu'un amour : la France.

Mon portrait in *Toutes réflexions faites*, Éditions de l'Élan, 1947

L'esprit de Sacha Guitry

Il avait tellement d'esprit qu'il n'est pas un bon mot qu'on ne lui ait attribué ; à lui, à Bernard Shaw ou à Alphonse Allais. Pourtant, il n'en produisait nullement à répétition, il n'en écrivait pas délibérément. Il serait plus juste d'évoquer ses remarques, ses notations, ses répliques – ses mots d'auteur aussi, bien sûr, extraits de ses pièces. À la ville comme au théâtre, il faisait étalage de cette qualité éminemment française et répétait ce refrain : « Voltaire et Fragonard, l'esprit et la grâce : la France ! »

Ces citations proviennent des recueils suivants :

– *Jusqu'à nouvel ordre* (NO), Paris, Maurice de Brunhoff, 1913.
– *Pensées* (P), textes publiés dans le journal *Oui*, 1918.
– *Elles et toi* (ET), Monte-Carlo, Raoul Solar, 1946.
– *Toutes réflexions faites* (TRF), Paris, Éditions de l'Élan, 1947.
– *L'Esprit* (E), recueil posthume publié dans *L'Esprit* (1958) et *À bâtons rompus* (1981).
– *Mémoires d'un tricheur* (MT), Gallimard, 1935.
– *Mon père avait raison* (1919, MPAR), *Quadrille* (1937, Q) in *Théâtre*, vol. 1, Omnibus, Paris, 1993.
– *Pasteur* (1919, PA), *Toâ* (1949, T) in *Théâtre*, vol. 2, Omnibus, Paris, 2000.

Les femmes et l'amour

Femme, je vous adore – comme on adore une édition originale : avec ses fautes. (ET)

*

Elle est partie – enfin !
Enfin, me voilà seul !
C'était, depuis bien des années, mon rêve.
Je vais donc enfin vivre seul !
Et, déjà, je me demande avec qui. (ET)

*

Comment les autres hommes peuvent-ils vivre sans toi ? (ET)

*

Tu me plais tellement que, quand il t'arrive de n'être pas jolie, je te trouve belle. (ET)

*

Nous étions tous les deux, l'un en face de l'autre – et j'ai lu dans ses yeux qu'elle ne m'aimait plus, qu'elle envisageait tout ; l'avenir incertain, sa trahison, la mienne, et ma colère, et ma douleur, et même aussi ma haine – et même aussi ma mort.

Et armée jusqu'aux dents, cuirassée, implacable, elle ne voyait pas dans mon regard éteint que j'avais commencé à l'oublier déjà. (ET)

*

Perfides, infidèles, indiscrètes et perverses, elles n'en sont pas moins pitoyables – et c'est bien là leur force ! (ET)

*

C'en est encore une, tenez, qui prend l'entêtement pour de la volonté, qui confond excentrique avec original et susceptible avec sensible – encore une, tenez, qui reste convaincue que la contradiction tient lieu de caractère – et qui croit volontiers que faire des façons, c'est avoir des manières. (ET)

*

Dis-moi qu'un jour tu me reviendras… Un jour peut-être mais pas plus. (ET)

*

Ma vie de garçon a la vie dure – et c'est en vain que depuis quarante ans je l'enterre. (TRF)

*

À l'égard de celui qui vous prend votre femme, il n'est de pire vengeance que de la lui laisser. (ET)

*

Il faut s'amuser à mentir aux femmes. On a l'impression qu'on se rembourse. (ET)

*

On les a dans ses bras – puis un jour sur les bras – et bientôt sur le dos. (ET)

*

Tu es aussi peu que possible la femme qu'il me faut.
C'est bien tentant ! (ET)

*

Son inconduite ne laissait rien à désirer : elle donnait tout. (ET)

*

Je crois que les femmes sont faites pour être mariées… et que les hommes sont faits pour être célibataires. C'est de là que vient tout le mal ! (MPAR)

Les autres

Il y a des gens dont on voit qu'ils ressemblent à leur père – bien qu'on n'ait jamais vu leur père. (TRF)

*

Si vous croyez que ce n'est pas parler de soi que de donner son opinion sur autrui ! (TRF)

*

Voilà un homme que je connais à peine – et qui cependant me déteste comme si nous étions parents. (TRF)

*

Si ceux qui disent du mal de moi savaient exactement ce que je pense d'eux, ils en diraient bien davantage ! (TRF)

*

Du jour où j'ai compris quels étaient les gens que j'exaspérais, j'avoue que j'ai tout fait pour les exaspérer. (TRF)

*

Mes ennemis, ma foi, me font beaucoup d'honneur : ils s'acharnent après moi comme si j'avais de l'avenir ! (TRF)

*

À de certaines heures, je n'aime à fréquenter que des gens qui me sont indifférents – et plus ils me sont indifférents, plus je m'attache à eux. (TRF)

*

J'ai la prétention de ne pas plaire à tout le monde. (TRF)

*

J'ai, depuis vingt années, cet homme à mon service – et sa fidélité fait l'admiration de tous ceux qui m'entourent.
Je n'y contredis pas – mais j'aimerais aussi qu'on admirât la mienne. (TRF)

*

Il y a des gens qui augmentent votre solitude en venant la troubler. Loin de la partager ainsi qu'ils le prétendent, ils la doublent au contraire – et, même, ils la corrompent en y mêlant la leur. (TRF)

*

Ah ! que les hommes ont la mémoire courte et se peut-il ainsi qu'en devenant des pères ils oublient à l'instant qu'ils ont été des fils ?(E)

*

Il y a des gens qui parlent, qui parlent, qui parlent – jusqu'à ce qu'ils aient enfin trouvé quelque chose à dire. (TRF)

*

J'ai des camarades qui m'amusent et des relations qui ne m'amusent pas.

J'ai quelques amis qui me plaisent et que j'aime et qui m'aiment. Mais il faut que je réunisse au moins quatre de ces amis-là pour que j'aie l'impression d'en avoir un vrai – et encore ! (NO)

L'argent

Lorsque vous dites que l'avarice est un défaut, nous sommes les meilleurs amis du monde. Mais lorsque vous ajoutez que l'économie est une qualité, il y a un petit froid dans nos relations. [...] Être économe, c'est faire une chose à moitié. C'est la commencer par vanité, et puis, tout à coup, c'est l'interrompre. (NO)

*

Être riche, ce n'est pas avoir de l'argent – c'est en dépenser. (MT)

*

Si vous êtes un jour traité de parvenu, tenez pour bien certain que vous serez arrivé. (TRF)

L'admiration

Claude Monet semble avoir découpé ses tableaux dans des toiles d'au moins trente mètres carrés.
Il a beau leur mettre des cadres, on sent bien que le ciel ne s'arrête pas là. (TRF)

*

Quand il lui prend la fantaisie d'écrire en prose, il faudrait à Paul Fort un dictionnaire spécial de mots qui ne riment pas. (TRF)

*

Rodin.
Je croyais que l'on canonisait ceux qui avaient fait des miracles ? (TRF)

*

Victor Hugo s'est contredit pour être sûr d'avoir tout dit. (TRF)

*

– Quoi de nouveau ?
– Molière. (TRF)

*

Imagine-t-on un poète français qui n'ait pas lu Villon – et qui ait du génie ? Je n'en vois qu'un – et c'est Villon. (TRF)

Plaisirs et passions

Chaque repas que je prends en dehors de chez moi confirme mon opinion sur la déplorable façon actuelle de recevoir. [...] Quand un dîner est mauvais, ça ne prouve pas seulement qu'un dîner est mauvais. Ça prouve que le café ne sera pas buvable, ça prouve que les liqueurs seront oubliées et les cigares omis.
Ça prouve que vous ne tenez pas à ce que je revienne. Ça prouve que j'ai eu tort de venir. (NO)

*

Se piquer à la morphine, c'est se fuir. Boire, c'est se quitter. Fumer l'opium, c'est se perdre.
Tandis que jouer, c'est courir après soi ! C'est se chercher.
Et quand ils se trouvent, les joueurs, ils ne veulent plus se quitter. (NO)

La maladie

Il y a des gens qui peuvent, qui savent être malades. Moi, je ne peux pas.
Ça me rend malade. (NO)

*

J'ai pris mon rhume en grippe. (TRF)

*

Je n'aime pas ces médecins qui ont toujours l'air de venir sauver quelqu'un... et qui s'imaginent volontiers que les malades cessent de souffrir à l'heure où ils cessent leurs visites ! (PA)

Théâtre et comédie

Jouer la comédie, c'est avoir un rendez-vous d'amour tous les soirs à 9 heures avec mille personnes. (TRF)

*

Et puis, n'oublions pas que l'art dramatique est l'art le plus complet qui soit : il s'adresse en même temps à l'œil, à l'oreille et à l'intelligence. (E)

*

– Quel dommage que vous n'ayez pas un fils !
À cette phrase, à ce regret que l'on m'a si souvent exprimé, je réponds aujourd'hui :
– Ç'aurait fait trois Guitry. J'ai eu pitié de mes confrères. (TRF)

*

Nous nous jouons la comédie les uns aux autres et nous ne sommes dupes pourtant que de nous-mêmes. (P)

*

On ne court jamais de risque au cinéma. Au théâtre, c'est autre chose. Ce sont deux jeux très différents. Si vous voulez gagner, il faut risquer de perdre. (Q)

*

Ce qui m'étonne c'est que des gens puissent mal jouer la comédie – alors que, tous, ou presque tous, ils la jouent du matin au soir – et quelquefois si bien. (T)

Pensées, réflexions, maximes

Ce qui tue c'est l'espoir. Et tandis qu'ils en meurent, combien on voit de gens qui disent qu'ils en vivent. (TRF)

*

Ce qui, probablement, fausse tout dans la vie, c'est qu'on est convaincu qu'on dit la vérité parce qu'on dit ce qu'on pense. (TRF)

*

On peut pleurer pendant deux jours – on ne peut pas rire pendant deux heures. Dame ! Ce sont les autres qui vous font rire – tandis que c'est sur soi qu'on pleure. (TRF)

*

L'orgueil fait partie de cette tendresse infinie qu'on doit avoir pour soi-même et sans laquelle tout bonheur me paraît improbable. […] Il faut qu'il soit inaccessible, inébranlable et, s'il se peut, complètement invisible. Car vu de loin, mal vu, vu simplement, l'orgueil ressemble à de la vanité. Et c'est laid. La vanité, c'est l'orgueil des autres. (NO)

*

Il n'y a qu'une forme de haine qui soit sincère et qui soit vraie, qui soit avouable et qui soit propre – elle a pour nom : le mépris.
On peut venger quelqu'un – mais se venger, soi, non.
Non, non – n'être jamais parmi ceux qui haïssent.
Tâcher plutôt d'être parmi ceux que l'on hait – on y est en meilleure compagnie. (TRF)

*

L'homme qui mange n'est pas toujours beau, l'homme qui pleure est parfois laid, l'homme qui aime est souvent grotesque, l'homme qui meurt est d'ordinaire affreux, mais l'homme qui travaille n'est jamais ridicule. (NO)

*

Je pense à ceux, rares, hélas ! de mes amis qui en ont, des vices, et je m'aperçois que je ne tiens réellement qu'à ceux-là. […] L'âme humaine est si bien équilibrée que, lorsqu'on possède un vice, on n'a pas de défauts. On a en soi une sorte de microbe géant qui détruit tous les autres. (NO)

*

Il va falloir qu'un jour enfin je me décide à lire les livres que depuis trente ans, je conseille à mes amis de lire. (TRF)

*

Le peu que je sais, c'est à mon ignorance que je le dois. (TRF)

*

Un homme qui ne demande jamais de service à personne finit par se faire la réputation d'un homme qui n'en rend pas. (TRF)

Mémoires d'un tricheur

Deuxième roman de son auteur après J.W. Bloompott *(1906),* Mémoires d'un tricheur *paraît d'abord en feuilleton dans l'hebdomadaire* Marianne *dirigé par Emmanuel Berl, d'octobre à novembre 1934.* Marianne *appartenant aux Éditions Gallimard, c'est très logiquement que l'ouvrage est publié sous forme de livre par la prestigieuse maison.*

À
L'UN
DE MES AMIS
LES MEILLEURS – AU HASARD

S. G.

Je suis né le 28 avril 1882, à Tortisambert, petit village bien joli du Calvados, dont on aperçoit le clocher à main gauche quand on va vers Troarn en quittant Livarot.

Mes parents tenaient un commerce d'épicerie qui leur laissait, bon an, mal an, cinq mille francs de bénéfice.

Notre famille était nombreuse. D'un premier lit, ma mère avait eu deux enfants. Elle eut, avec mon père, un fils et quatre filles. Mon père avait sa mère, ma mère avait son père – ils étaient quittes, si j'ose dire – et nous avions, en outre, un oncle sourd-muet.

Nous étions douze à table.

Du jour au lendemain, un plat de champignons me laissa seul au monde.

Seul, car j'avais volé huit sous dans le tiroir-caisse pour m'acheter des billes – et mon père en courroux s'était écrié :

– Puisque tu as volé, tu seras privé de champignons !

Ces végétaux mortels, c'était le sourd-muet qui les avait cueillis – et ce soir-là, il y avait onze cadavres à la maison.

Qui n'a pas vu onze cadavres à la fois ne peut pas se faire une idée du nombre de cadavres que cela fait.

Il y en avait partout.

Parlerai-je de mon chagrin ?

Disons plutôt la vérité. Je n'avais que douze ans, et l'on conviendra que c'était un malheur excessif pour mon âge. Oui, j'étais véritablement dépassé par cette catastrophe – et n'ayant pas assez d'expérience pour en apprécier l'horreur, je m'en sentais, pour ainsi dire, indigne.

On peut pleurer sa mère ou son père, ou son frère – mais comment voulez-vous pleurer onze personnes ! On ne sait plus où donner de la peine. Je n'ose pas parler de l'embarras du choix – et c'est un peu pourtant cela qui se passait. Ma douleur sollicitée à droite, à gauche, avait des sujets de distraction trop nombreux.

Le docteur Lavignac, appelé dans le courant de l'après-midi, ne cessa de prodiguer, pendant des heures et des heures, ses soins éclairés, mais, hélas ! inutiles. Ma famille s'éteignait inexorablement.

M. le curé, qui déjeunait ce jour-là chez le marquis de Beauvoir, est arrivé à bicyclette vers quatre heures. On allait avoir bien besoin de lui !

Dès cinq heures du soir, tout le village était chez nous. Le père Rousseau, paralysé depuis vingt ans, s'était fait porter jusque-là – et l'aveugle répétait en poussant les autres :

– Laissez-moi voir ! Laissez-moi voir !

J'avais été renvoyé de chambre en

chambre par les voisines aussitôt accourues, et, ne sachant plus où me fourrer, je m'étais craintivement dissimulé sous un comptoir, dans la boutique. De là, j'entendais tout ce qui se disait, tout ce qui se murmurait.

Les premiers décès avaient été annoncés non sans une certaine componction, ainsi qu'il est de règle. Mais, dès la quatrième mort, les annonces devinrent brèves – et, bientôt, laconiques :

– Encore un!

Et tous ces villageois résignés et fourbus reprenaient de la vie devant toutes ces morts. Il leur semblait sans doute que chacun d'eux allait avoir un peu plus d'air à respirer dorénavant.

Et je percevais des dialogues inouïs :

– Et la grand-mère ?

– Pas encore. Mais c'est l'affaire de vingt minutes.

– Il en reste combien ?

– Plus que quatre.

L'oncle assassin, le sourd-muet, mourut le dernier dans d'horribles souffrances.

– Quel est celui qui crie comme ça ?

– C'est le muet, répondait-on.

Lorsque, à sept heures, tout fut fini, je suis sorti de ma cachette, et je me suis trouvé nez à nez avec le docteur éreinté qui s'épongeait le front.

Il me vit, me regarda, me reconnut, n'en crut pas ses yeux et me dit :

– Eh ! bien... et toi ?

Et il y avait dans sa voix une surprise immense, avec un rien de blâme.

D'ailleurs, il ajouta :

– Qu'est-ce que tu fais là ?

Et ce « qu'est-ce que tu fais là ? » ne voulait pas dire : « Qu'est-ce que tu fais là, sous le comptoir ? » – non, il signifiait bien : « Qu'est-ce que tu fais là, sur la terre ? »

En effet, de quel droit n'étais-je pas mort – comme tout le monde !

Il continua :

– Tu n'as pas mal ?

– Non, pas du tout.

– Mais comment cela se fait-il ?

Et maintenant, il me regardait comme si j'étais un phénomène – ou bien le diable. Ce garçon de douze ans qui absorbait impunément des champignons vénéneux, qui survivait à tous les siens – cela devenait très intéressant pour lui ! Quel champ d'expériences ! Et, comme il m'a semblé qu'il se voyait déjà penché sur mes viscères, j'avouai la vérité :

– Je n'en ai pas mangé.

– Pourquoi ?

Et ce « pourquoi », parti très vite, était extraordinaire. Déformation professionnelle, je veux bien, mais je jure qu'il l'a dit sur un ton de reproche.

Et, comme il répétait : « Pourquoi ? Pourquoi ? » – j'ai préféré tout dire, j'ai raconté mon crime et j'ai dit quel avait été mon châtiment.

Alors, dans une esquisse de sourire, il eut un clignement d'œil qui semblait dire :

– Toi, pas bête !

L'histoire fit rapidement le tour du village – et je laisse à penser quels commentaires elle souleva.

Le jour de l'enterrement, derrière ces onze cercueils que je suivais, la tête basse et les yeux secs, je me demandais si le fait d'avoir été miraculeusement épargné ne me donnait pas l'air un peu d'avoir assassiné tout ce monde – cependant que, dans mon dos, l'on chuchotait :

– Savez-vous pourquoi le petit n'est pas mort ?... Parce qu'il a volé !

Oui, j'étais vivant parce que j'avais volé. De là à en conclure que les autres étaient morts parce qu'ils étaient honnêtes...

Et, ce soir-là, m'endormant seul dans la maison déserte, je me suis fait sur la justice et sur le vol une opinion peut-être un peu paradoxale, mais que quarante ans d'expérience n'ont pas modifiée.

Sacha Guitry, *Mémoires d'un tricheur*,
Gallimard, Paris, 1935

Sacha Guitry cinéaste

La qualité des analyses qu'a inspirées Guitry cinéaste dit assez la sophistication de son art, même s'il a préféré feindre le naturel, la simplicité, l'évidence dans sa façon de mettre en scène. François Truffaut, Jean Douchet, Jacques Lourcelles, fins exégètes des grands d'Hollywood, ne pouvaient qu'insister sur la profonde originalité de Guitry.

Du parlant

[…] Sacha Guitry était intelligent mais il n'était pas un intellectuel. Il avait l'intelligence de son travail et jusqu'en 1930 son travail c'était le théâtre, comme auteur et comme comédien. C'est pourquoi, dans un premier temps, il n'a rien à dire d'intéressant ou d'original sur le cinéma qu'il considère, en littéraire, comme un produit bâtard. Pour lui le cinéma est à son meilleur quand il se fait documentaire […].

Avant l'avènement du cinéma sonore, Sacha Guitry ne se livre donc qu'à des déclarations d'humeur et même de mauvaise humeur, la plus amusante étant celle qu'il a faite en 1912 : « J'estime que le cinématographe n'est déjà plus à son apogée. »

*

Lorsque l'invention du parlant est arrivée, autour de 1930, les grands metteurs en scène ont réagi diversement : affolement pour Chaplin et René Clair, adaptation très rapide et stimulation pour Hitchcock, Hawks, John Ford, Jean Renoir.

Hommes de théâtre, Marcel Pagnol et Sacha Guitry ont tout de suite vu les avantages de la chose : puisque le cinéma se rapprochait du théâtre alors leurs pièces, cinématographiées, c'est-à-dire reproduites sur pellicule, pourraient enfin être représentées en différents lieux dans le même temps avec les acteurs de la création. Finies les tournées laborieuses avec des comédiens de remplacement !

Aussitôt les critiques, et probablement les cinéphiles, sont partis en guerre contre la vision enregistreuse de Pagnol et Guitry et dans le contexte de l'époque, on ne peut pas complètement leur donner tort. Ils avaient dépensé tellement de salive et d'encre pour faire admettre le cinéma de Chaplin et de Griffith comme un art autonome que c'eût été pour eux un trop grand pas à franchir que de reconnaître que l'enregistrement brut d'une œuvre qui a déjà trouvé sa forme idéale vaut mieux qu'une solution hybride comme celle qui consiste à filmer une pièce en « l'aérant » avec des prises de vues inutiles : taxis arrivant dans la rue, promenades dans le jardin, raccords d'action dans l'escalier, etc.

Tout le malentendu reposait sur la signification que l'on donne à l'expression : mise en scène. Dans un premier temps, aux débuts du cinéma, mise en scène servait plutôt à désigner le déploiement des moyens spectaculaires devant la caméra. La course de chars de Ben Hur, les reconstitutions de l'Antiquité, les grandes figurations en sont les exemples les plus connus. Seuls les initiés savaient que le terme de mise en scène désigne plutôt l'ensemble des décisions prises par le réalisateur : la place de la caméra, l'angle choisi, la durée d'un plan, le geste d'un acteur et ceux-là donc savaient que la mise en scène c'est à la fois l'histoire que l'on raconte et la façon de la raconter.

[...] Qu'on me comprenne. Il ne s'agit pas pour moi de réfuter la notion de mise en scène ni de préférer je ne sais quel amateurisme inspiré au professionnalisme, je prétends seulement que les décisions simplificatrices de Sacha Guitry donnaient à ses films une forme nette, pure et décisive tandis que les acrobaties de caméra de Christian-Jaque (qu'on imposa à Guitry comme co-réalisateur des *Perles de la Couronne*) rendaient le film plus vague et dispersé.

*

Depuis la venue de ces deux chefs-d'œuvre incontestables que sont les premiers films d'Orson Welles, *Citizen Kane* et *The Magnificent Amberson*, nous savons que la mise en scène d'un film peut être déterminée par la bande sonore. Ces deux films ont été conçus comme des pièces radiophoniques très élaborées (avec effet de relief des voix choisies pour leur musicalité, effets d'échos, chuchotements et clameurs, chevauchement des voix, etc.). Or, et voilà où je veux en venir, en tant qu'hommes de théâtre, Pagnol et Guitry étaient entraînés à privilégier la parole donc la voix, donc le rythme, donc les silences, donc la bande sonore. [...] Mêler le nom d'Orson Welles à ceux de Pagnol et Guitry n'est pas forcer une assimilation car je rappellerai que Welles a dit souvent son admiration pour *La Femme du boulanger*, pour Raimu, pour Guitry également et par ailleurs j'ai toujours été convaincu que les deux premières bobines commentées en voix off de *The Magnificent Amberson* révèlent l'influence du *Roman d'un tricheur* comme, plus directement encore, un récent film d'Orson Welles : *Vérités et mensonges*.

Évidemment, je ne prétends pas que Sacha Guitry soit un aussi grand metteur en scène que Welles. S'il a réussi à contrôler et dominer la technique, il n'a pas appris à en jouer au point de nous faire rire avec un mouvement de caméra (comme Lubitsch) ou de nous émouvoir avec un gros plan (comme Renoir) mais, qu'on lui reconnaisse ce mérite, Sacha n'a jamais cherché à se faire passer pour le virtuose de la caméra qu'il n'était pas et, au fond de lui, il sentait bien la part de bluff qui entre souvent dans cette « virtuosité » quand on l'applique non plus à Hitchcock ou Welles mais à Preminger ou René Clément, par exemple. [...]

Il n'empêche que Sacha Guitry cinéaste a réalisé au moins un chef-d'œuvre, *Le Roman d'un tricheur*. Si l'on accepte comme définition d'un chef-d'œuvre : une œuvre qui a trouvé sa forme parfaite et définitive, ceux qui ont vu *Le Roman d'un tricheur* ne me contrediront pas.

C'était en 1936. Sacha un peu las des pièces filmées se fit la réflexion que le cinéma était peut-être plus près du roman que de la pièce. « Au théâtre, on joue. Au cinéma, on a joué. » Il conçoit donc un film qui aura la forme d'un roman filmé : « Le personnage qui sera sur l'écran ne dira pas : " Je suis malheureux aujourd'hui " – non, il ne dira rien. Il aura l'air malheureux, et la voix de celui qui raconte dira : " J'étais malheureux ce jour-là ". »

Au moment où il fait cette déclaration, Sacha Guitry vient d'inventer le play-back même s'il ne s'en rend pas compte. Il vient d'inventer la primauté de la bande sonore, comme Orson Welles, formé par la radio, le fera trois ans plus tard avec *Citizen Kane*.

La bande sonore pré-établie servira de guide aux mouvements, aux gestes et aux mimiques des acteurs pendant le tournage. La mise en scène est alors guidée par une mise en sons.

Si la grande originalité du *Roman d'un tricheur* est d'être l'unique film de fiction de l'histoire du cinéma qui soit commenté en voix off à 90 %, son immense mérite est d'avoir fait oublier cette particularité au point que des spectateurs interrogés à la sortie de la salle croiront avoir vu un film joué et parlé directement.

Préface de François Truffaut,
in *Le Cinéma et moi*, Sacha Guitry,
Ramsay, 1977

Guitry acteur de cinéma

Il s'était fabriqué un tel personnage que celui-ci empiétait dans l'esprit public sur l'auteur et encore plus sur le comédien. Longtemps – on l'a dit aussi de Jouvet – on lui reprocha d'être toujours identique. Rien n'est plus faux. À regarder attentivement toutes ses créations d'acteur que le cinéma nous a conservées, on est frappé par l'infinie variété, la justesse et la finesse de ses interprétations. Ses personnages [...] sont tellement exacts qu'on les croirait vrais.

Mais pour vaincre le handicap de l'encombrant personnage « Sacha Guitry », avec sa voix, ses poses, ses gestes si reconnaissables, l'auteur doit se décoller du personnage interprété. Il joue à fond la carte du IL. Il établit une sorte de naturel apparent, une décontraction qui naît de la nécessité profonde de prendre ses distances. Le dédoublement qui vient de l'intime, qui surgit du conflit intérieur et fonde la dramaturgie, se traite chez Guitry de la façon la plus extérieure et objective possible. Cette contrainte devient source vive d'inspiration. Il s'établit un échange, comme une sorte de dialogue, entre le personnage Guitry et le personnage interprété. Ou plus exactement ce dialogue mental devient le corps du dialogue réel. Il ouvre un vaste champ où s'ébroue le verbe qui, par un jeu d'entrelacs et de variations, combine remarques, réflexions, aphorismes. Il permet un perpétuel échange, comme au tennis, entre ces deux personnages en un. Le ludisme – sa liberté, son insolence et sa fantaisie – caractérise la dramaturgie si personnelle de notre auteur.

Cet espace sera dans le même temps celui de la mise en scène. Elle est, chez lui, consubstantiellement liée au verbe. D'où l'accusation de théâtre filmé si longtemps portée contre le cinéma de Guitry. C'était refuser de voir et surtout d'entendre. Car le langage ici fait voir. C'est sa fonction. On pourrait tout autant dire le contraire, et on dirait exactement la même chose, comme le déclare Guitry dans *Si j'ai bonne mémoire* : « Car il ne suffit pas qu'une pièce soit belle – hélas !! Il faut tout de même qu'elle soit bonne. Ce mot dit mal, en vérité, ce qu'il faut qu'elle soit pour être mise en scène, mais il faut qu'elle soit ce que tant d'admirables œuvres ne sont pas : faites pour être vues pendant qu'on les écoute. »

Cette phrase écrite en 1934 définit un an avant la réalisation de son premier film parlant ce qu'il attend du cinématographe.

Jean Douchet, « Les trois font le pair »
in *Sacha Guitry, cinéaste*,
Festival de Locarno/Yellow Now, 1993

Au plus haut

Une manière indirecte de mieux connaître un cinéaste est de tenter d'évaluer sa place et son importance au sein du pays où il a travaillé et, par extension, dans le cinéma tout entier. Cette évaluation, à laquelle certains cinéphiles sont totalement indifférents, hante une grande partie des autres. […] Essayons d'y soumettre brièvement Guitry.

Le premier critère est commun à tous les arts. C'est le critère de personnalité : il concerne la thématique, les options et le style de l'auteur. Ceux-ci sont-ils personnels, riches, aisément reconnaissables ? […] La thématique des films de Guitry est, à l'évidence, l'une des plus riches de l'histoire du cinéma. Rapports du couple, rapports père-fils, rapports maîtres-domestiques, jeux de la séduction instantanée ou calculée, immense curiosité historique, fascination pour le génie sous toutes ses formes (qu'il soit artistique, politique, scientifique, etc.), éloge du travail bien fait, éloge de la marginalité et d'une certaine douceur de vivre, réflexion désabusée sur les soi-disant valeurs sociales, variations infinies sur les notions de vérité et de mensonge, telles sont, dans une énumération parcellaire qui est loin de leur rendre justice, quelques-unes des lignes de force qui traversent l'œuvre cinématographique de Guitry. Quant à son style, calqué sur sa diction, c'est-à-dire à la fois très inattendu et très calculé, plein de surprises, de ruptures de rythme et en même temps parfaitement rythmé, souvent lyrique et enfiévré sous sa sérénité apparente, où l'improvisation et la longue maturation font un mariage heureux, où il est impossible de dire ce qui, du monologue ou du dialogue, est le plus important (Guitry sait mieux que quiconque valoriser ses partenaires), quant au style donc, personne n'a jamais nié que Guitry en eût à revendre. […]

Le deuxième critère concerne l'apport spécifique du cinéaste à son moyen d'expression. […] L'apport de Guitry a à voir notamment avec cette ubiquité chronologique dont nous parlions, avec cette théâtralité atomisée, pulvérisée en mini-scènes (dans les chroniques historiques mais aussi dans *Le Roman d'un tricheur*), lesquelles ne trouvent leur sens et leur ordonnance que par la voix du conteur-démiurge qui les a engendrées. Le lien créé par Guitry entre le théâtre, la voix *off*, l'atomisation du récit, ou en d'autres termes entre la fonction de la dramaturgie classique et le rôle du conteur traitant son sujet à l'aide d'anecdotes et de digressions incessantes, aura instauré une relation particulière de complicité et de familiarité avec le public tout en suscitant un genre nouveau. […] À cet égard, l'œuvre de Guitry, comme toutes les grandes œuvres du cinéma, aura été une *expérience réussie*, c'est-à-dire une œuvre où la part expérimentale, essentielle, s'est cependant complètement dissoute, absorbée dans la réussite à laquelle elle a donné lieu.

Le troisième critère est sans doute le plus décisif pour juger si l'auteur en question est véritablement un cinéaste capital. C'est celui de la durée et du renouvellement interne de l'œuvre. L'œuvre de Guitry s'est étalée sur trois décennies. […] On aura vu ainsi […] l'itinéraire étonnant d'un auteur parti d'une connivence avec les moralistes français pour arriver peu à peu à devenir, par la mise en scène et le renouvellement intime de sa matière, une sorte de frère de Lang et de Tourneur. Itinéraire, avouons-le, unique, d'un contempteur du cinéma finissant dans la peau d'un metteur en scène pour cinéphiles, adoré d'eux et placé par eux à l'une des plus hautes places de leur panthéon.

Jacques Lourcelles, « Le cinéma de Sacha : bref état des lieux »
in *Sacha Guitry, cinéaste*
Festival de Locarno/Yellow Now, 1993

Le blanc et le noir

L'affrontement incessant des partisans inconditionnels et des contempteurs acharnés d'un auteur qui, chéri par son public, se targuait de ne pas plaire à tout le monde. Opinions tranchées sur l'homme, ses pièces et ses films.

Paul Léautaud : Guitry « a tous les dons »

Paul Léautaud (1872-1956) devient critique dramatique en 1907 au Mercure de France*, puis à la* Nouvelle Revue française *et aux* Nouvelles Littéraires. *Sous le nom de Maurice Boissard, il signe ses chroniques, écrites d'une plume impitoyable et clairvoyante. Son admiration pour une bonne partie de l'œuvre de Guitry ne se démentira jamais.*

Deburau, la nouvelle pièce de Monsieur Sacha Guitry, je demande mille pardons pour les expressions dont je vais me servir, c'est encore une chose délicieuse, charmante, une vraie trouvaille dramatique pleine de fantaisie et d'émotion et qui est un document de plus sur son auteur. Avoir su aujourd'hui se souvenir du Pierrot des Funambules, et des Funambules elles-mêmes, et des acteurs bien oubliés de ce curieux petit théâtre, et avoir mis à la scène leur chef de file, le créateur d'un genre, Deburau en personne, tout cela ne montre-t-il pas un esprit libre, pittoresque, sensible et inventif au possible. [...] Monsieur Sacha Guitry a donné à Deburau comme il l'a fait précédemment pour La Fontaine, un peu de son propre personnage : sentiment et esprit. Si la vérité y perd un peu, le spectateur n'a rien à regretter : le résultat est plein de grâce et de séduction. La scène entre Deburau et son fils, quand celui-ci lui annonce son intention de faire aussi du théâtre et sous le même nom de Deburau, est une peinture merveilleuse, en peu de traits, de l'égoïsme, de l'orgueil et de la jalousie de l'artiste, plus forts en lui que ses sentiments paternels. [...] La scène finale, quand Deburau, forcé par la maladie de quitter le théâtre, donne à son fils qui va jouer à sa place les conseils sur son art, contient là, en dix vers d'une grande précision, l'essentiel de l'art du mime, et même peut-être de l'art du comédien.

Paul Léautaud, 1er avril 1918,
Le Théâtre de Maurice Boissard, t. 2,
Gallimard, Paris, 1943

Pierre Brisson : « sa mégalomanie l'étouffe »

Critique dramatique, Pierre Brisson (1896-1964) exerce une forte influence dans le milieu du théâtre dès le début des années 1920. Devenu directeur du Figaro *en 1934, il publie par la suite de nombreux essais sur le théâtre et un choix de ses meilleurs feuilletons. Sagace et acerbe, il entame un long duel verbal avec Sacha qui ne lui pardonnera jamais son dédain.*

Je songe au Sacha Guitry des beaux jours et je m'afflige en le voyant réduit à ces pitoyables médiocrités, à cette absence de grâce, à ces allures de baladin pompeux. [...] Monsieur Sacha Guitry, hélas ! menace de s'affaisser dans ses coffres forts. Sa mégalomanie l'étouffe. Il faut le soutenir. Je lui affirme que tout n'est pas perdu, qu'il a tort d'être amer à ce point, qu'il est impossible que des dons comme les siens s'éteignent si vite. Il suffirait d'un peu d'humilité, il suffirait de sortir du cercle des coulisses, d'aimer la vie, d'aimer parfois ses confrères.

Pierre Brisson, *Au hasard des soirées*, Gallimard, 1935

Marcel Achard : Guitry, « le plus facétieux de tous les moralistes français »

Marcel Achard (1899-1974) est auteur boulevardier par excellence, académicien de surcroît, écrivain actif à qui l'on doit d'excellents dialogues de film. Son admiration pour l'homme et l'œuvre jamais démentie s'est épanchée dans un long chapitre de Rions avec eux, *consacré au boulevardier célèbre.*

Sacha Guitry a été le grand poète comique de ce temps. Marcel Pagnol non plus qu'André Roussin ne me démentiront. Ils l'ont écrit et répété l'un et l'autre : oui, Sacha a été le plus artiste de tous les artistes du rire. Il avait tous les dons, vérifiés par la plus implacable intelligence.

Par un mélange singulier d'invention et de fantaisie débridée, il a renouvelé, approfondi, agrandi les possibilités de comique. Il a découvert des traits de caractère dans l'exclamation et l'onomatopée. Il a réduit le dialogue à l'essentiel et lui a donné la force explosive d'une légende de dessins. Pessimiste par nature il avait heureusement le goût de la farce et de la malice. Il a pensé que toutes les vérités étaient bonnes à dire, à condition de les dire gaiement. C'est le plus facétieux de tous les moralistes français. Mais aussi un des plus tendres et des plus profonds.

Marcel Achard, *Rions avec eux*, Fayard, 1957

Lucien Descaves : « Sacha pensa »

Auteur dramatique et journaliste, Lucien Descaves (1861-1949) devint en 1916 responsable de la rubrique littéraire du journal L'Aurore. *Le train de vie et la suffisance de Sacha lui déplaisaient fort. Il s'irrita de sa candidature à l'Académie Goncourt, contraire selon lui au testament d'Edmond de Goncourt. La verve de Lucien Descaves pouvait être blessante.*

Ce soir-là le récipiendaire qui s'était fait interviewer tout chaud, tout bouillant, par le Poste Parisien de la radio me donna des nouvelles : « Je bénis les deux qui n'ont pas voté pour moi. Depuis vingt ans, Descaves dit du mal de toutes mes pièces, car il est obligé d'aller les voir, tandis que je ne lis jamais ses articles. Il a dit son intention de quitter l'Académie Goncourt si j'y entrais. C'est une des raisons qui m'incitèrent à laisser poser ma candidature, car n'ayant jamais approuvé l'élection de Monsieur Descaves, ne comprenant pas qu'il soit entré chez les Goncourt, je ne suis pas mécontent de l'en faire sortir. »

J'en riais encore le lendemain matin lorsque le Poste Parisien m'ayant invité à répondre si j'en voyais la nécessité, j'usai de mon droit : « J'ai été l'objet d'une attaque nocturne de la part de Monsieur Sacha Guitry. Je ne peux que me féliciter de l'avoir fait partir en guerre : une fois n'est pas coutume. »

Et Descaves se rappelle encore : « À la répétition générale au théâtre Pigalle de la pièce de Guitry, *Histoires de France*, j'avais pour voisin Georges de Porto-Riche, auteur dramatique de talent et galant homme. Au dernier entracte il se pencha vers moi et me demanda mon opinion.

– « Ce n'est pas un bon devoir d'écolier », répondis-je.

Ce que Georges de Porto-Riche traduisit immédiatement par ces mots mémorables : «Sacha pensa.» On ne trouvera jamais mieux.

Lucien Descaves, *Souvenirs d'un ours*, Édition de Paris, 1946

Jean Cocteau : « Tu nous enchantes »

Jean Cocteau (1889-1963) s'est aussi bien illustré au cinéma que comme poète et artiste. Il lut le texte qui suit à l'occasion du soixante-dixième anniversaire de Sacha. Ayant suivi sa carrière dès sa jeunesse, il sut parler de lui avec une fervente amitié qui lui permit de célébrer ce roi de Paris dont il enviait peut-être la couronne.

« "Dix minutes et dix ans." C'est la réponse de Whistler au tribunal. Un duc l'accusait d'avoir fait poser sa femme dix minutes, en échange d'une somme considérable.

"Dix minutes et dix ans." C'est à cette phrase que je songe lorsque je ferme les yeux et que je me retrouve dans cette rue d'Anjou de notre jeunesse où nous habitions côte à côte.

En une nuit tu exécutais le travail de dramaturge qui coûterait mille et une nuits de travail à un autre. Et non par facilité mais grâce à cette aisance divine qu'on a vite fait de confondre avec elle. J'ai lu sous la plume d'un niais : "M. Sacha Guitry se prend pour Molière." J'aurais beau jeu de lui répondre : "Le plus étrange, cher monsieur, c'est que Molière se prenait pour Sacha Guitry." Je veux dire que ni toi ni Molière ne décidiez de vous mettre à table pour écrire un chef-d'œuvre.

Les œuvres heureuses naissent toutes seules par suite de ces dix ans contenus dans dix minutes. C'est de la sorte que tu nous enchantes. Car le beau possède un air de chance désinvolte, un air facile et vif que ne possède jamais la fausse gravité qui trompe souvent son monde. »

Jean Cocteau *in* Jacques Lorcey, *Sacha Guitry et son monde*, Séguier, 2002

Maurice Martin du Gard : « Il fait vivre tant de gens et d'abord au théâtre »

Maurice Martin du Gard (1896-1970), cousin de Roger Martin du Gard, est un journaliste littéraire brillant et opportuniste. En 1939, il défend vivement la candidature de Sacha Guitry à l'Académie Goncourt. Il a réuni ses chroniques théâtrales dans deux ouvrages : Carte rouge *(1930) et* Les Soirées de Paris *(1932).*

Les préjugés sont tenaces et la plupart des critiques pensent encore avec le XVIIe siècle qu'un auteur qui joue ses pièces ne peut être un véritable auteur. Ils lui feraient volontiers d'autres reproches, comme celui de gagner trop d'argent. S'il [Guitry] en gagnait moins, ses confrères en gagneraient-ils plus pour cela, je vous le demande ? Vraiment, serions-nous plus contents s'il n'atteignait jamais la centième ? Il fait vivre tant de gens et d'abord au théâtre. L'argent, croyez-moi, il a toujours peur d'en manquer demain, est-ce de la vanité cela ? Un trait de modestie plutôt. J'exagère ? Mais non, de l'argent en a-t-il toujours eu ? Ses débuts ont-ils été si faciles ? Il a souffert, lui aussi, il a connu, autant qu'un autre, l'inquiétude et l'impatience des démarches dans les journaux, le placement de la copie qui, pour lui était d'ailleurs des dessins.
Oui, s'il ne dépensait pas ce qu'il gagne à présent, sans doute, devrait-on lui en tenir rigueur. Mais ce n'est pas du tout le cas.

Maurice Martin du Gard, *Mon ami Sacha Guitry*, Éditions de la Nouvelle Revue critique, 1941

BIBLIOGRAPHIE

L'ŒUVRE DE SACHA GUITRY

Les auteurs présentent ici une sélection de publications de l'œuvre de Sacha Guitry. Ont été privilégiés les ouvrages actuellement disponibles en librairie.

Théâtre

- *Sacha Guitry, Anthologie de son théâtre*, éd. Alain Decaux, Perrin, Paris, 2007.
- *Théâtre*, vol. 1, et *Mémoires d'un tricheur*, Omnibus, Paris, 1993 : *Nono, Le Veilleur de nuit, La Prise de Berg-op-Zoom, La Pèlerine écossaise, Deux Couverts, La Jalousie, Faisons un rêve, Jean de La Fontaine, Un soir quand on est seul, L'Illusionniste, Deburau, Le Mari, la Femme et l'Amant, Mon père avait raison, Je t'aime, Le Comédien, Désiré, Le Nouveau Testament, Quadrille.*
- *Pièces en un acte*, Omnibus, Paris, 2004 : *Le K.W.T.Z., Le cocu qui faillit tout gâter, Un étrange point d'honneur, C'te pucelle d'Adèle !, Deux Couverts, Une vilaine femme brune, Un type dans le genre de Napoléon, Chez la reine Isabeau, Un soir quand on est seul, Chez Jean de La Fontaine, On passe dans huit jours, Le 21 janvier 1793, Erfurt, Chez George Washington, Un homme d'hier et une femme d'aujourd'hui, Chagrin d'amour, Villa à vendre, Le Voyage de Tchong-Li, Adam et Ève, Le Renard et la Grenouille, L'École des philosophes, Le Saut périlleux, Le Mot de Cambronne, Dieu sauve le Roy, Une lettre bien tapée, Une paire de gifles, Fausse Alerte, L'École du mensonge, Cigales et fourmis, Courteline au travail, Je sais que tu es dans la salle, Madame Bergeret.*
- *Théâtre*, vol. 2, et *Théâtre je t'adore*, Omnibus, Paris, 2000 : *On passe dans huit jours, Pasteur, Béranger, Une petite main qui se place, Un sujet de roman, L'Amour masqué, Le Lion et la Poule, L'Accroche-cœur, On ne joue pas pour s'amuser, Mozart, Était-ce un rêve ?, Frans Hals ou l'Admiration, Chagrin d'amour, Monsieur Prud'homme a-t-il vécu ?, Les Desseins de la Providence, Françoise, Le Voyage de Tchong-Li, L'École des philosophes, Le Mot de Cambronne, Une paire de gifles, L'École du mensonge, N'écoutez pas mesdames !, Toâ, Une folie, Beaumarchais.*

Scénarios de cinéma

- *Cinéma*, Omnibus, Paris, 2007 : *Bonne Chance, Ils étaient neuf célibataires, Donne-moi tes yeux, Le Trésor de Cantenac, Adhémar ou le jouet de la fatalité, La Poison, La Vie d'un honnête homme, Assassins et voleurs, Les trois font la paire, Les Perles de la Couronne, Remontons les Champs-Élysées, Le Destin fabuleux de Désirée Clary, Le Diable boiteux, Si Versailles m'était conté… !, Et Versailles vous est conté… !, Napoléon, Si Paris nous était conté, Franklin et Beaumarchais.*

Recueils et pensées

- *Si j'ai bonne mémoire et autres souvenirs…*, Perrin, Paris, 2007.
- *Pensées, maximes et anecdotes*, Le Cherche-Midi, Paris, 2007.
- *Cinquante Ans d'occupations*, Omnibus, Paris, 2001 : *Jusqu'à nouvel ordre, Pensées, Mon portrait, Toutes réflexions faites, Elles et toi, Les Femmes et l'amour, L'Esprit, Si j'ai bonne mémoire, La Maladie, Mes médecins, Le Petit Carnet rouge, Ceux de chez nous, Quatre Ans d'occupations, Soixante Jours de prison, De Jeanne d'Arc à Philippe Pétain, Des merveilles, Et puis voici des vers…*

Roman

- *Mémoires d'un tricheur*, Gallimard, coll. «Folio», Paris, 1995.

OUVRAGES SUR SACHA GUITRY

À l'occasion du cinquantième anniversaire de la mort de Sacha Guitry, Gallimard, la Bibliothèque nationale de France et la Cinémathèque française publient l'ouvrage *Sacha Guitry : une vie d'artiste*, dirigé par Noëlle Giret et Noël Herpe, catalogue de l'exposition éponyme présentée à la Cinémathèque française à l'automne 2007.

- Arnaud, Ph. (dir.), *Sacha Guitry, cinéaste*, Festival de Locarno/Yellow Now, 1993.
- Benjamin, R., *Sacha Guitry roi du théâtre*, Plon, Paris, 1933.
- Bernard, A., *Sacha Guitry, une vie de merveilles*, Omnibus, Paris, 2006.
- Bernard, A., et Floquet, C., *Sacha Guitry et Monaco*, Le Rocher, Monaco, 2003.
- Buisson, P., *Sacha Guitry et ses femmes*, Albin Michel, Paris, 1996.
- Castans, R., *Sacha Guitry*, Éditions de Fallois, Paris, 1993.
- Choisel, F., *Sacha Guitry intime*, Scorpion, Paris, 1957.
- Collectif, *Yvonne Printemps ou l'Impromptu de Neuilly*, Table Ronde, Paris, 1953.
- Delubac, J., *Faut-il épouser Sacha Guitry ?*, Julliard, Paris, 1976.
- Desanti, D., *Sacha Guitry : 50 ans de spectacle*, Grasset, Paris, 1982.

- Dufresne, C., *Yvonne Printemps : le doux parfum du péché*, Perrin, Paris, 1988.
- Gidel, H., *Les Deux Guitry*, Flammarion, Paris, 1995.
- Herment, R., *Charlotte Lysès*, Gardescel, 1958.
- Huster, F., *Sacha le magnifique !*, Séguier, Biarritz/Archimbaud, Paris, 2006.
- Jadoux, H., *Sacha Guitry*, Perrin, Paris, 1982.
- Lauwick, H., *Le Merveilleux Humour de Lucien et Sacha Guitry*, Fayard, Paris, 1959.
- Léautaud, P., *Le Théâtre de Maurice Boissard*, Gallimard, coll. «Blanche», 2 volumes, Paris, 1958.
- Lorcey, J., *Sacha Guitry par les témoins de sa vie*, France Empire, Paris, 1976 ; *Sacha Guitry : cent ans de théâtre et d'esprit*, Pac, coll. «Grand écran», Paris, 1985 ; *L'Esprit de Sacha Guitry*, Atlantica, Biarritz, 2000 ; *Sacha Guitry et son monde*, 3 volumes, Séguier, coll. «Empreinte», Biarritz, 2001-2003.
- Marconi-Guitry, L., *Et Sacha vous est conté…*, Le Livre contemporain, Paris, 1960.
- Martin du Gard, M., *Mon ami Sacha Guitry*, Éditions de la Nouvelle Revue critique, 1941.
- Paris, S., *Paris sur l'oreiller*, Grancher, Paris, 1978.
- Piat, J., *Je vous aime bien, monsieur Guitry !*, Plon, Paris, 2002.
- Séréville (de), G., *Sacha Guitry mon mari*, Flammarion, Paris, 1959.
- Simsolo, N., *Sacha Guitry*, Cahiers du Cinéma, Paris, 1988.
- Sirop, D., *L'Élégance de Jacqueline Delubac*, A. Biro, Paris, 1994.

Consulter aussi

- Dantzig, C. , *Dictionnaire égoïste de la littérature française,* Grasset, Paris, 2005.
- Guérin, J. (dir.), *Dictionnaire des pièces de théâtre françaises du XXe siècle*, Champion, Paris, 2005.
- Haedens, K., *Une histoire de la littérature française,* Grasset, Cahiers rouges, Paris, rééd. 2007.
- Martin du Gard, M., *Les Mémorables, 1918-1945,* Gallimard, Paris, 1999.

THÉÂTROGRAPHIE

L'œuvre théâtrale de Sacha Guitry est classée par ordre chronologique (lieu et date de la première représentation), abstraction faite des revues et de quelques pièces en un acte.

- *Le Page*, opéra bouffe en un acte, Théâtre des Mathurins, Paris, 1902.
- *Le KWTZ.*, drame passionnel en un acte, Théâtre des Capucines, Paris, 1905.
- *Nono*, comédie en trois actes, Théâtre des Mathurins, Paris, 1905.
- *Chez les Zoaques*, comédie en trois actes, Théâtre Antoine, Paris, 1906.
- *La Clef*, comédie en quatre actes, Théâtre Réjane, Paris, 1907.
- *Petite Hollande*, comédie en trois actes, Théâtre de l'Odéon, Paris, 1908.
- *Le Scandale de Monte-Carlo*, comédie en trois actes, Théâtre du Gymnase, Paris, 1908.
- *Le Veilleur de nuit*, comédie en trois actes, Théâtre Michel, Paris, 1911.
- *Un beau mariage*, comédie en trois actes, Théâtre de la Renaissance, Paris, 1911.
- *Jean III ou l'extraordinaire vocation du fils Mondoucet*, comédie en trois actes, Comédie Royale, Paris, 1912.
- *La Prise de Berg-Op-Zoom*, comédie en quatre actes, Théâtre du Vaudeville, Paris, 1912.
- *La Pèlerine écossaise*, comédie en trois actes, Théâtre des Bouffes Parisiens, Paris, 1914.
- *Deux Couverts*, comédie en un acte, Comédie-Française, Paris, 1914.
- *La Jalousie*, comédie en trois actes, Théâtre des Bouffes Parisiens, Paris, 1915.
- *Faisons un rêve*, comédie en quatre actes, Théâtre des Bouffes Parisiens, Paris, 1916.
- *Jean de La Fontaine*, comédie en quatre actes, Théâtre des Bouffes Parisiens, Paris, 1916.
- *Un soir quand on est seul*, comédie en un acte et en vers libres, Théâtre des Bouffes Parisiens, Paris, 1917.
- *L'Illusionniste*, comédie en trois actes, Théâtre des Bouffes Parisiens, Paris, 1917.
- *Deburau*, comédie en quatre actes et un prologue en vers libres, Théâtre du Vaudeville, Paris, 1918.
- *Pasteur*, pièce en cinq actes, Théâtre du Vaudeville, Paris, 1919.
- *Le Mari, la Femme et l'Amant,* comédie en trois actes, Théâtre du Vaudeville, Paris, 1919.
- *Mon père avait raison*, comédie en trois actes, Théâtre de la Porte Saint-Martin, Paris, 1919.
- *Béranger*, comédie en trois actes et un prologue, Théâtre de la Porte Saint-Martin, Paris, 1920.
- *Je t'aime*, comédie en cinq actes, Théâtre Édouard-VII, Paris, 1920.
- *Le Comédien*, comédie en quatre actes, Théâtre Édouard-VII, Paris, 1921.
- *Le Grand-Duc*, comédie en trois actes, Théâtre Édouard-VII, Paris, 1921.
- *Jacqueline*, pièce en trois actes, tirée de la nouvelle *Morte la bête* de Henri Duvernois,

Théâtre Édouard-VII, Paris, 1921.
- *Une petite main qui se place*, comédie en trois actes et un épilogue, Théâtre Édouard-VII, Paris, 1922.
- *Le Blanc et le noir*, comédie en quatre actes, Théâtre des Variétés, Paris, 1922.
- *Un sujet de roman*, comédie en quatre actes, Théâtre Édouard-VII, Paris, 1923.
- *L'Amour masqué*, comédie musicale en trois actes, Théâtre Édouard-VII, Paris, 1923.
- *Le Lion et la Poule*, comédie en trois actes, Théâtre Édouard-VII, Paris, 1923.
- *L'Accroche-cœur*, comédie en trois actes, Théâtre de l'Étoile, Paris, 1923.
- *Une étoile nouvelle*, comédie en trois actes, Théâtre Édouard-VII, Paris, 1924.
- *On ne joue pas pour s'amuser*, comédie en cinq actes, Théâtre Édouard-VII, Paris, 1925.
- *Mozart*, comédie musicale en trois actes, Théâtre Édouard-VII, Paris, 1925.
- *Désiré*, comédie en trois actes, Théâtre Édouard-VII, Paris, 1927.
- *Un miracle*, comédie en quatre actes, Théâtre des Variétés, Paris, 1927.
- *Mariette* ou *Comment on écrit l'histoire*, comédie en quatre actes, Théâtre Édouard-VII, Paris, 1928.
- *Charles Lindbergh*, féerie en trois actes et dix-huit tableaux, Théâtre du Châtelet, Paris, 1928.
- *Histoires de France*, pièce en trois actes et douze tableaux, dessins, croquis et caricatures, Théâtre Pigalle, Paris, 1929.
- *Frans Hals* ou *L'Admiration*, comédie en trois actes, Théâtre de la Madeleine, Paris, 1931.
- *Sa dernière volonté* ou *L'Optique du théâtre*, comédie en deux actes, Théâtre de la Madeleine, Paris, 1931.
- *Monsieur Prudhomme a-t-il vécu?*, pièce en deux actes, Théâtre de la Madeleine, Paris, 1931.
- *La S.A.D.M.P.*, opéra bouffe en un acte, Théâtre de la Madeleine, Paris, 1931.
- *Mon double et ma moitié* ou *Vingt-quatre heures de la vie d'un homme*, comédie en trois actes, Théâtre de la Madeleine, Paris, 1931.
- *Les Desseins de la Providence*, comédie en deux actes, Théâtre de la Madeleine, Paris, 1932.
- *Françoise*, pièce en trois actes, Théâtre de la Madeleine, Paris, 1932.
- *Le Voyage de Tchong-li*, légende en trois tableaux, Théâtre de la Madeleine, Paris, 1932.
- *Châteaux en Espagne*, comédie en quatre actes, Théâtre des Variétés, Paris, 1933.
- *Adam et Ève*, pièce en deux tableaux, Comédie-Française, Paris, 1933.
- *Ô mon bel inconnu*, comédie musicale en trois actes, Théâtre des Bouffes Parisiens, Paris, 1933.
- *Un tour au paradis*, comédie en quatre actes, Théâtre de la Michodière, Paris, 1934.
- *Le Renard et la Grenouille*, comédie en un acte, Théâtre de la Michodière, Paris, 1934.
- *Florestan Ier, prince de Monaco*, opérette en trois actes et six tableaux, Théâtre des Variétés, Paris, 1934.
- *Son père et lui*, pièce en quatre tableaux, Opéra, Lyon, 1934.
- *Le Nouveau Testament*, comédie en quatre actes, Théâtre de la Madeleine, Paris, 1934.
- *Mon ami Pierrot*, légende musicale en un acte et deux tableaux, Théâtre de l'Opéra-Comique, Paris, 1935.
- *Quand jouons-nous la comédie?*, comédie en trois actes, précédée d'un prologue et suivie d'un épilogue, Théâtre de Paris, Paris, 1935.
- *La Fin du Monde*, comédie en cinq actes, Théâtre Georges Leygues, Villeneuve-sur-Lot, 1935, reprise immédiate au Théâtre de la Madeleine, Paris.
- *Geneviève*, comédie en cinq actes, Théâtre de la Madeleine, Paris, 1936.
- *Le Mot de Cambronne*, comédie en un acte et en vers, Théâtre de la Madeleine, Paris, 1936.
- *Quadrille*, comédie en six actes, Théâtre municipal, Orléans, 1937, reprise immédiate au Théâtre de la Madeleine, Paris.
- *Un monde fou*, comédie en quatre actes, Théâtre de la Madeleine, Paris, 1938.
- *Florence*, comédie en un prologue et trois actes, Théâtre de la Madeleine, Paris, 1939.
- *Le Bien-Aimé*, comédie en trois actes mais en plusieurs tableaux, Théâtre de la Madeleine, Paris, 1940.
- *Vive l'Empereur!* ou *Le Soir d'Austerlitz*, comédie en cinq actes, Théâtre de la Madeleine, Paris, 1941.
- *N'écoutez pas mesdames*, comédie en trois actes, Théâtre de la Madeleine, Paris, 1942.
- *Courteline au travail*, à-propos en un acte, Comédie-Française, Paris, 1943.
- *Le Diable boiteux*, pièce en trois actes et neuf tableaux, Théâtre Édouard-VII, Paris, 1948.
- *Aux deux colombes*, comédie en trois actes, Théâtre des Variétés, Paris, 1948.
- *Toâ*, comédie en quatre actes, Théâtre du Gymnase, Paris, 1949.
- *Tu m'as sauvé la vie*, comédie en quatre actes, Théâtre des Variétés, Paris, 1949.
- *Une folie*, comédie en quatre actes, Théâtre des Variétés, Paris, 1951.
- *Palsambleu*, comédie en quatre actes, Théâtre des Variétés, Paris, 1953.

FILMOGRAPHIE

FILMS ÉCRITS ET RÉALISÉS PAR SACHA GUITRY

1915 – *Ceux de chez nous* (22'). Film documentaire muet. Avec Claude Monet, Anatole France, Edgar Degas, Octave Mirbeau, Henri Robert, Edmond Rostand, Auguste Rodin, Sarah Bernhardt, André Antoine, Auguste et Jean Renoir, Camille Saint-Saëns.
1935 – *Pasteur* (80'). D'après la pièce homonyme. Collaboration à la réalisation : Fernand Rivers. Avec Sacha Guitry, Jean Périer, Gaston Dubosc.
– *Bonne Chance* (78'). Scénario original. Collaboration à la réalisation : Fernand Rivers. Avec Sacha Guitry, Jacqueline Delubac, Pauline Carton, Robert Seller.
1936 – *Le Nouveau Testament* (100'). D'après la pièce homonyme. Collaboration à la réalisation : Alexandre Ryder. Avec Sacha Guitry, Jacqueline Delubac, Betty Daussmond, Charles Dechamps.
– *Le Roman d'un tricheur* (81'). D'après le roman *Mémoires d'un tricheur* (1934). Avec Sacha Guitry, Jacqueline Delubac, Marguerite Moreno, Pauline Carton.
– *Mon père avait raison* (94'). D'après la pièce homonyme. Avec Sacha Guitry, Jacqueline Delubac, Paul Bernard, Betty Daussmond, Gaston Dubosc, Marcel Levesque.
– *Faisons un rêve* (80'). D'après la pièce homonyme. Avec Sacha Guitry, Jacqueline Delubac, Raimu.
1937 – *Le Mot de Cambronne* (32'). D'après la pièce homonyme. Avec Sacha Guitry, Jacqueline Delubac, Marguerite Moreno, Pauline Carton.
– *Les Perles de la couronne* (120'). Scénario original. Collaboration à la réalisation : Christian-Jaque. Avec Sacha Guitry, Jacqueline Delubac, Raimu, Ermete Zacconi, Lyn Harding, Cécile Sorel.
– *Désiré* (93'). D'après la pièce homonyme. Avec Sacha Guitry, Jacqueline Delubac, Arletty, Saturnin Fabre, Pauline Carton.
1938 – *Quadrille* (91'). D'après la pièce homonyme. Avec Sacha Guitry, Jacqueline Delubac, Gaby Morlay, Georges Grey.
– *Remontons les Champs-Élysées* (97'). Scénario original. Collaboration à la réalisation : Robert Bibal. Avec Sacha Guitry, Jacqueline Delubac, Lucien Baroux, Lisette Lanvin, Mila Parély.
1939 – *Ils étaient neuf célibataires* (122'). Scénario original. Avec Sacha Guitry, Elvire Popesco, Max Dearly, Marguerite Moreno, Victor Boucher, Betty Stockfeld, Saturnin Fabre, Marguerite Pierry, André Lefaur, Geneviève de Séréville, Gaston Dubosc, Marguerite Deval, Sinoël, la princesse Chyo, Aimos, Pauline Carton, Georges Morton, Anthony Gildès.
1942 – *Le Destin fabuleux de Désirée Clary* (108'). Scénario original. Avec Sacha Guitry, Gaby Morlay, Jacques Varennes, Jean-Louis Barrault, Geneviève Guitry, Lise Delamare.
– *La Loi du 21 juin 1907*. Scénario original. Court métrage. Avec Sacha Guitry, Arletty, Fernand Ledoux, Marguerite Pierry.
1943 – *Donne-moi tes yeux* (90'). Scénario original. Avec Sacha Guitry, Geneviève Guitry, Mona Goya, Marguerite Moreno, Marguerite Pierry, Jeanne Fusier-Gir, Aimé Clariond.
1944 – *La Malibran* (120'). Scénario original. Avec Sacha Guitry, Geori Boué, Suzy Prim, Jacques Jansen, Jean Cocteau.
– *De Jeanne d'Arc à Philippe Pétain* (58'). Documentaire présentant l'ouvrage homonyme.
1948 – *Le Comédien* (95'). D'après la pièce homonyme. Avec Sacha Guitry, Lana Marconi, Jacques Baumer, Marguerite Pierry, Pauline Carton.
– *Le Diable boiteux* (120'). D'après la pièce homonyme. Avec Sacha Guitry, Lana Marconi, Émile Drain, Philippe Richard, Henri Laverne, Robert Seller.
1949 – *Aux deux colombes* (95'). D'après la pièce homonyme. Avec Sacha Guitry, Suzanne Dantès, Marguerite Pierry, Pauline Carton.
– *Toâ* (85'). D'après la pièce homonyme. Avec Sacha Guitry, Lana Marconi, Mireille Perrey, Jeanne Fusier-Gir.
1950 – *Le Trésor de Cantenac* (95'). Scénario original. Avec Sacha Guitry, Lana Marconi, Marcel Simon, Pauline Carton, Jeanne Fusier-Gir.
– *Tu m'as sauvé la vie* (89'). D'après la pièce homonyme (1949). Avec Sacha Guitry, Fernandel, Lana Marconi, Jeanne Fusier-Gir.
– *Deburau* (93'). D'après la pièce homonyme (1918). Avec Sacha Guitry, Lana Marconi, Jeanne Fusier-Gir, Michel François.
1951 – *La Poison* (85'). Scénario original. Avec Michel Simon, Germaine Reuver, Jean Debucourt, Jacques Varennes, Pauline Carton, Jeanne Fusier-Gir.
1952 – *Je l'ai été trois fois* (82'). D'après les pièces *Mon double et ma moitié* (1921) et *Les Desseins de la Providence* (1932). Avec Sacha Guitry, Lana Marconi, Bernard Blier, Louis de Funès, Pauline Carton.
– *La Vie d'un honnête homme* (85'). Scénario original. Avec Michel Simon, Marguerite Pierry, Lana Marconi, Pauline Carton, Louis de Funès,

Marcel Mouloudji.
1954 - *Si Versailles m'était conté...* (165'). Scénario original. Avec Sacha Guitry, Michel Auclair, Jean-Louis Barrault, Lana Marconi, Claudette Colbert, Gaby Morlay, Daniel Gélin, Orson Welles, Jean Marais, Bourvil, Gérard Philipe, Édith Piaf, Jean Tissier, Pierre Larquey.
1955 – *Napoléon* (183'). Scénario original. Avec Sacha Guitry, Daniel Gélin, Raymond Pellegrin, Lana Marconi, Pauline Carton, Danielle Darrieux, Jean Marais, Michèle Morgan, Pierre Brasseur, Jean Gabin, Yves Montand, Orson Welles, Erich von Stroheim.
1956 – *Si Paris nous était conté... !* (135'). Scénario original. Avec Sacha Guitry, Lana Marconi, Michèle Morgan, Danielle Darrieux, Gérard Philipe, Jean Marais, Robert Lamoureux, Julien Carette, Pierre Larquey, Andrex, Pauline Carton.
– *Assassins et voleurs* (85'). Scénario original. Avec Jean Poiret, Michel Serrault, Darry Cowl, Lucien Baroux, Magali Noël, Pauline Carton.
1957 – *Les trois font la paire* (75'). Scénario original. Collaboration à la réalisation : Clément Duhour. Avec Michel Simon, Sophie Desmarets, Darry Cowl, Philippe Nicaud, Pauline Carton.

FILMS ADAPTÉS DE L'ŒUVRE DE SACHA GUITRY

1918 – *Un roman d'amour et d'aventures* (France). Scénario : Sacha Guitry. Réalisation : René Hervil et Louis Mercanton. Avec Sacha Guitry, Yvonne Printemps.
1924 – *The Lover of Camille* (États-Unis, 80'). D'après la pièce *Deburau.* Adaptation : Dorothy Farnum. Réalisation : Harry Beaumont. Avec Monte Blue, Willard Louis.
1930 – *Sleeping Partners* (Royaume-Uni, 71'). D'après la pièce *Faisons un rêve.* Adaptation et réalisation : Seymour Hicks. Avec Seymour Hicks, Edna Best.
1931 – *Le Blanc et le noir* (France, 106'). D'après la pièce homonyme. Réalisation : Marc Allégret et Robert Florey. Avec Raimu, Baron fils, Fernandel, Pauline Carton, Suzanne Dantès.
1935 – *Les Deux Couverts* (France, 38'). D'après la pièce homonyme. Réalisation : Léonce Perret. Avec Léon Bernard, Scipion, Gabrielle Robinne.
1938 – *L'Accroche-cœur* (France, 85'). D'après la pièce homonyme. Réalisation : Pierre Caron. Avec Henri Garat, Jacqueline Delubac, Julien Carette, Marguerite Moreno.
1940 – *Lucky Partners* (États-Unis, 99'). D'après le film *Bonne Chance.* Réalisation : Lewis Milestone. Avec Ronald Colman, Ginger Rogers, Jack Carson.
1951 – *Adhémar ou le jouet de la fatalité* (France, 81'). Scénario : Sacha Guitry. Réalisation : Fernandel. Avec Fernandel, Marguerite Pierry, Andrex.
1958 – *La Vie à deux* (France, 100'). Scénario : Sacha Guitry. Réalisation : Clément Duhour. Avec Danielle Darrieux, Edwige Feuillère, Pierre Brasseur, Gérard Philipe, Jean Marais, Robert Lamoureux, Louis de Funès, Fernandel.
1960 – *Au voleur !* (France, 90'). Scénario : Sacha Guitry. Réalisation : Ralph Habib. Avec Paul Guers, Perrette Pradier.
1996 – *Beaumarchais, l'insolent* (France, 100'). D'après la pièce *Beaumarchais* non représentée. Réalisation : Édouard Molinaro. Avec Fabrice Luchini, Sandrine Kiberlain.
– *Désiré* (France, 93'). D'après la pièce homonyme. Réalisation : Bernard Murat. Avec Jean-Paul Belmondo, Fanny Ardant.
1997 – *Le Comédien* (France, 97'). D'après la pièce homonyme. Réalisation : Christian de Chalonge. Avec Michel Serrault, Maria de Medeiros, Charles Aznavour.
– *Quadrille* (France, 96'). D'après la pièce homonyme. Réalisation : Valérie Lemercier. Avec André Dussollier, Valérie Lemercier, Sandrine Kiberlain.
2001 – *Un crime au paradis* (France, 89'). D'après le film *La Poison*. Réalisation : Jean Becker. Avec Jacques Villeret, Josiane Balasko.

TABLE DES ILLUSTRATIONS

Abréviations : S. G. pour Sacha Guitry. BnF pour Bibliothèque nationale de France.

CHAPITRE 3

47 Portrait de Jacqueline Delubac, photographie de Lipnitzki, vers 1933.
48h Publication (détail) en épisodes des *Mémoires d'un tricheur* dans la revue *Marianne* du 24 octobre 1934. Coll. André Bernard, Paris.
48b Couverture du roman de S. G. *Mémoires d'un tricheur*, Gallimard, Paris, 1935.
49 S. G. dans *L'Illusionniste*, pièce créée en 1917 et reprise au théâtre des Variétés, le 15 novembre 1936. Coll. André Bernard, Paris.
50h Jacqueline Delubac, S. G. et un technicien sur le plateau de tournage de *Bonne Chance* (1934), photographie de Roger Corbeau. BnF, Paris.
50-51 Jacqueline Delubac et S. G. dans *Bonne Chance* (1934), photographie de Roger Corbeau. *Ibidem*.
50-51 (typo) Métrage des scènes de *Bonne Chance* (1934) avec annotations de S. G., vers 1934. *Ibidem*.
52h Brochure publicitaire (détail) du film *Mon père avait raison* (1936). Coll. André Bernard, Paris.
52b Scène du film *Le Nouveau Testament* (1936) avec Jacqueline Delubac (à gauche), S. G. (au centre) et Betty Daussmond. Coll. musée Gaumont, Neuilly-sur-Seine.
53 S. G. (en François Ier) sur le plateau de tournage des *Perles de la couronne* (1937), photographie, vers 1937. Coll. André Bernard, Paris.
54 Affiche du film *Le Roman d'un tricheur* (1936) de S. G. Coll. musée Gaumont, Neuilly-sur-Seine.
55h Scène du film *Le Roman d'un tricheur* (1936) de et avec S. G. (au centre).
55b Brochure publicitaire (détail) du film *Le Roman d'un tricheur* (1936). Coll. André Bernard, Paris.
56hg Yvonne Printemps et S. G. dans l'acte III de *Faisons un rêve*, pièce de S. G. créée en 1916, photographie de Waléry, vers 1920-1930. *Ibidem*.
56hd Scène du film *Faisons un rêve* (1936) avec Jacqueline Delubac et S. G. Coll. musée Gaumont, Neuilly-sur-Seine.
56-57 Brochure publicitaire (détail) du film *Faisons un rêve* (1936). Coll. André Bernard, Paris.
57h *Idem*.
58h Scène du film *Désiré* (1937) avec Jacqueline Delubac et S. G. Coll. André Bernard, Paris.
58b Brochure publicitaire (détail) du film *Désiré* (1937). Coll. musée Gaumont, Neuilly-sur-Seine.
59h Brochure publicitaire (détail) du film *Remontons les Champs-Élysées* (1938). Coll. André Bernard, Paris.
59b Scène du film *Remontons les Champs-Élysées* (1938) avec S. G. et Geneviève de Séréville. Coll. musée Gaumont, Neuilly-sur-Seine.
60 Jacqueline Delubac et S. G. dans *Un monde fou*, pièce de S. G. créée au théâtre de la Madeleine en 1938, photographie de Lipnitzki, novembre 1938.
61 S. G. lisant le manuscrit de *L'Éducation sentimentale* de Gustave Flaubert, photographie, vers 1938-1939.

CHAPITRE 4

62 Portrait de Geneviève de Séréville et S. G., photographie vers 1940. Coll. André Bernard, Paris.
63 Dessin de S. G. extrait de *Soixante Jours de prison* (1949), éditions de l'Élan, Paris. BnF, Paris.
64 Affiche du film *Ils étaient neuf célibataires* (1939) de S. G.
65 Mariage de S. G. et Geneviève de Séréville à l'église de Fontenay-le-Fleury, le 4 juillet 1939, photographie.
65 (typo) Extrait du journal *Paris-soir* du 25 juin 1939 annonçant le mariage de S. G. et Geneviève de Séréville.
66 Propriété de S. G. à Ternay (Fontenay-le-Fleury), photographie, vers 1940-1945. BnF, Paris.
67 Portrait de Geneviève de Séréville, photographie Harcourt, vers 1940. *Ibidem*.
68h Portrait du maréchal Pétain extrait d'une brochure pour le Noël des enfants de familles réfugiées, photographie, 1940. *Ibidem*.
68b Extrait d'un article de presse évoquant la présence de S. G. au Noël des enfants de familles réfugiées, *Le Petit Parisien*, 28 décembre 1940. *Ibidem*.
69h S. G. et ses comédiens dans *Vive l'Empereur !*, pièce de S. G. créée au théâtre de la Madeleine en 1941 (photographie) et présentée devant Philippe Pétain à Vichy en mars 1942 (détail du programme). *Ibidem*.
69b Réponse de S. G. parue dans le journal *La France au travail* du 7 février 1941 suite à un article diffamatoire précédemment publié dans le même journal. Coll. Raymond Chirat, Lyon.
70 Brochure publicitaire (détail) du film *Le Destin fabuleux de Désirée Clary* (1942). Coll. André Bernard, Paris.
71 Notes manuscrites de S. G. pour le montage du film *Le Destin fabuleux de Désirée Clary* (1942), passage de l'arrivée de Désirée chez Joseph. BnF, Paris.
72 Affiche de *N'écoutez pas, Mesdames !*, pièce de S. G. créée au théâtre de la Madeleine en 1942. Coll. André Bernard, Paris.

CHAPITRE 5

INDEX DES ŒUVRES

INDEX GÉNÉRAL

CRÉDITS PHOTOGRAPHIQUES

Collection André Bernard, Paris 1er plat (photo), 1er plat (dessin), 2e plat, 10, 11, 14h, 16, 18h, 19h, 22hg, 22hd, 23, 24-25 (typo), 25hd, 27, 30h, 31b, 32 (typo), 33m, 33b, 35b, 46, 48h, 49, 52h, 53, 55b, 56hg, 56-57, 57h, 58h, 59h, 62, 70, 72, 73, 80hg, 81, 97, 119. Bibliothèque nationale de France, Paris 12, 13, 15hg, 15hd, 16 (typo), 16-17, 17b, 18b, 19b, 20, 26, 28, 28 (typo), 30b, 31h, 32, 33h, 34h, 34-35, 35h, 37h, 37b, 38, 39, 40, 41h, 41b, 42, 43g, 43d, 44, 50h, 50-51, 50-51 (typo), 66, 67, 68h, 68b, 69h, 71, 75b, 76, 77b, 80hd, 80b, 83h, 85, 86, 87h, 87b, 90 (typo). Centre des Monuments nationaux, Paris/Seeberger 75h. Collection Raymond Chirat, Lyon 69b, 79, 86 (typo), 87b (typo). Collection Christophe L, Paris 45, 83b. Archives Gallimard, Paris 20 (typo), 22b, 48b, 63. Éditions Gallimard/C. Hélie 128. Institut national de l'audiovisuel, Paris 24hg, 24hd, 24-25, 25hg. Keystone-France, Paris 84, 93h. Photographie de Jacques-Henri Lartigue © Ministère de la Culture – France/AAJHL 2, 36, 96. Magnum Photos/Henri Cartier-Bresson 77h. Collection musée Gaumont, Neuilly-sur-Seine 52b, 54, 56hd, 58b, 59b, 88, 89h, 89b, 94. © Paris-Match/Willy Rizzo, Paris 78, 95. © Patrimoine photographique/Raymond Voinquel, Paris 1, 4, 5. Photos12.com/Hachedé 65 (typo). Prod DB 92h, 92b. Prod DB © Cineas/DR, Paris 6, 55h. Prod DB © Cocinor/DR 91. Prod DB © DR 7. Prod DB © Filmsonor/DR 93b. Prod DB © Gibé/DR 64. Roger-Viollet, Paris 14-15, 21, 61. Roger-Viollet/FA, Paris 65. Roger-Viollet/Albert Harlingue, Paris 9. Roger-Viollet/Lipnitzki 47, 60. Rue des Archives, Paris 74, 82. Rue des Archives/AGIP, Paris 90. Collection Sirot-Angel, Paris 3, 29, 39 (typo).
Le Nouveau Testament © Gaumont 1936 45, 52b. *Mon père avait raison* © Gaumont 1936 52h. *Le Roman d'un tricheur* © Gaumont 1936 54, 55h, 55b. *Faisons un rêve* © Gaumont 1936 56hd, 56-57, 57h. *Désiré* © Gaumont 1937 58h, 58b. *Remontons les Champs-Élysées* © Gaumont 1938 59h, 59b. *La Poison* © Gaumont 1951 88. *Assassins et voleurs* © Gaumont 1956/Éditions René Chateau 89h, 89b. *Si Paris nous était conté… !* © Gaumont 1956 94.
© Sacha Guitry 1er plat, 11, 19, 22b, 24-25, 28, 31, 40, 41b, 43d, 50-51, 63, 69b, 71, 77b, 79, 90.
Patrick Léger a photographié pour les éditions Gallimard l'ensemble des documents provenant de la collection André Bernard qui sont reproduits dans cet ouvrage.

REMERCIEMENTS

Les éditions Gallimard adressent leurs très chaleureux remerciements à Jacqueline Aubart, à André Bernard, ancien président de l'association des amis de Sacha Guitry, et à Noëlle Giret, conservateur général à la Bibliothèque nationale de France, à qui ce livre doit beaucoup. Elles remercient par ailleurs Mélanie Herick du Musée Gaumont, Martine d'Astier de la Vigerie et Charles-Antoine Revol de la Donation Jacques-Henri Lartigue ainsi que Christophe Mauberret du Patrimoine photographique. Elles remercient enfin Carole Tournay, responsable du mécénat et de l'événementiel de Neuflize OBC.

ÉDITION ET FABRICATION

DÉCOUVERTES GALLIMARD
COLLECTION CONÇUE PAR Pierre Marchand. DIRECTION Elisabeth de Farcy.
COORDINATION ÉDITORIALE Anne Lemaire. GRAPHISME Alain Gouessant.
COORDINATION ICONOGRAPHIQUE Isabelle de Latour. SUIVI DE PRODUCTION Fabienne Brifault.
SUIVI DE PARTENARIAT Madeleine Giai-Levra. RESPONSABLE COMMUNICATION ET PRESSE Valérie Tolstoï. PRESSE David Ducreux et Alain Deroudilhe.
SACHA GUITRY, L'HOMME-ORCHESTRE
ÉDITION et ICONOGRAPHIE Marjorie Marlein assistée de Charlotte Barbe.
MAQUETTE Hélène Arnaud. LECTURE-CORRECTION Jean-Paul Harris et Pïerre Granet.
PHOTOGRAVURE Nouveau Cap.

Olivier Barrot est né en 1948. Animateur culturel (Maison de la Culture de Créteil), puis producteur de télévision (TF1) et éditeur, il est aujourd'hui journaliste et écrivain. Codirecteur du magazine SENSO, il présente quotidiennement l'émission littéraire « Un livre un jour » sur France 3 et assure une chronique sur Radio Classique. Il est l'auteur de nombreux livres sur la presse, le voyage et le cinéma, dont plusieurs en collaboration avec Raymond Chirat : *Les Excentriques du cinéma français* (Éditions Henri Veyrier, 1983), *Noir et blanc* (Flammarion, 2000), *Gueules d'Atmosphère* (Découvertes Gallimard, 1994) et *Le Théâtre de boulevard* (Découvertes Gallimard, 1998).

Depuis sa naissance en 1922, Raymond Chirat n'a jamais quitté Lyon. Il y a puisé le goût du spectacle, du cinéma et particulièrement des films français. Il en a conçu la série de catalogues couvrant la production nationale de 1908 à 1970. Grâce à la collaboration amicale d'Olivier Barrot il a ressuscité dans divers ouvrages les acteurs oubliés et les réalisateurs dédaignés, mais aussi les époques fastueuses du théâtre de boulevard et les portraits de ses auteurs et interprètes. Pendant quatorze ans, Raymond Chirat a dirigé la bibliothèque de l'Institut Lumière dont il avait assuré la création.

Dépôt légal : octobre 2007
Numéro d'édition : 141935
ISBN : 978-2-07033748-4
Imprimé en France par Pollina - L44276